MARCO POLO

W0244413

RHEINGAU
WIESBADEN

Reisen mit **Insider Tipps**

Mich reizt die Mischung aus Natur und Kultur, Städtischem und Ländlichem. Es gibt ein hervorragendes Angebot an guten Restaurants, eine rührige Kulturszene und den Wald gleich um die Ecke.

MARCO POLO Autorin
Birgit Müller-Wöbcke
(siehe S. 127)

Spezielle News, Lesermeinungen und Angebote zum Rheingau:
www.marcopolo.de/rheingau-wiesbaden

RHEINGAU

> SYMBOLE

Insider Tipp **MARCO POLO INSIDER-TIPPS**
Von unserer Autorin für Sie entdeckt

★ **MARCO POLO HIGHLIGHTS**
Alles, was Sie im Rheingau kennen sollten

SCHÖNE AUSSICHT

WLAN-HOTSPOT

▶▶ **HIER TRIFFT SICH DIE SZENE**

> PREISKATEGORIEN

HOTELS

€€€ über 150 Euro
€€ 80–150 Euro
€ unter 80 Euro

Die Preise gelten für zwei Personen im Doppelzimmer ohne Frühstück

RESTAURANTS

€€€ über 20 Euro
€€ 10–20 Euro
€ unter 10 Euro

Die Preise gelten für ein Tellergericht ohne Getränke

> KARTEN

[116 A1] Seitenzahlen und Koordinaten für den Reiseatlas Rheingau

[U A1] Koordinaten für die Wiesbadenkarte im hinteren Umschlag

Zu Ihrer Orientierung sind auch die Orte mit Koordinaten versehen, die nicht im Reiseatlas eingetragen sind

INHALT

> SZENE

S. 12–15: Trends, Entdeckungen, Hotspots! Was wann wo im Rheingau los ist, verrät der MARCO POLO Szeneautor vor Ort

> 24 STUNDEN

S. 98/99: Action pur und einmalige Erlebnisse in 24 Stunden! MARCO POLO hat für Sie einen außergewöhnlichen Tag rund um Wiesbaden zusammengestellt

> LOW BUDGET

Viel erleben für wenig Geld! Wo Sie zu kleinen Preisen etwas Besonderes genießen und tolle Schnäppchen machen können:

Caligari: Wiesbadens schönstes Kino ist auch das billigste S. 38 | Immer wieder samstags: kostenlose Führung durch Eltvilles Altstadt S. 58 | Gratisbesuch in der Destillerie von Asbach – inklusive Kostprobe S. 76 | Happy Hour im Freibad: In Schlangenbad zahlen Sie ab 17 Uhr nur die Hälfte S. 90

> GUT ZU WISSEN

Was war wann? S. 10 | Spezialitäten S. 26 | Gregorianische Choräle S. 55 | Siegeszug einer Rebsorte S. 62 | Bücher & Filme S. 69 | Blogs & Podcasts S. 80 | Wellness im Taunus S. 86 | www.marcopolo.de S. 108 | Rheinsteig S. 110 | Was kostet wie viel? S. 111 | Wetter in Wiesbaden S. 112

AUF DEM TITEL
Improvisierte Kunst S. 13
Auf der Rieslingtour
Highlights entdecken S. 96

ENTDECKEN SIE DEN RHEINGAU!

Unsere Top 15 führen Sie an die traumhaftesten Orte und zu den spannendsten Sehenswürdigkeiten

Die Highlights sind in der Karte auf dem hinteren Umschlag eingetragen

1 Rheingau-Musik-Festival
Jazz im Schloss, Klassik im Kloster: Bedeutende Interpreten spielen im Rahmen des sommerlichen Musikfestivals an mehreren Dutzend außergewöhnlichen Orten (Seite 23)

2 Wiesbadener Weinwoche
Mitte August können Sie eine Woche lang an Dutzenden von Weinprobierständen in der Innenstadt einen Querschnitt durch die Rheingauer Weine kennenlernen – alle namhaften Winzer der Region schenken hier aus (Seite 23)

3 Kaiser-Friedrich-Therme
Gespeist von einer heißen Quelle, dazu die denkmalgeschützte Atmosphäre des Jugendstils in Wiesbaden (Seite 39)

4 Schwarzer Bock
Luxus und Stil im ältesten Hotel Deutschlands: ein Haus voll Geschichte in Wiesbaden (Seite 39)

5 Rheinpromenade
Die schönste Promenade des Rheingaus: Platanen, blühende Rosen, Adelshäuser und eine prächtige Burg in Eltville (Seite 46)

6 Schloss Reinhartshausen
Zum Übernachten oder nur auf einen Tee: Das Schloss am Rheinufer bezaubert als Gesamtkunstwerk (Seite 49)

7 Pfarrkirche St. Valentinus
Im Kiedricher Kirchhof umfängt Besucher eine Atmosphäre meditativer Stille (Seite 54)

> DIE BESTEN MARCO POLO HIGHLIGHTS

8 Kloster Eberbach
Schönstes und bedeutendstes aller Klöster, von Zisterziensern gegründet (Seite 57)

9 Brentano-Haus
Zentrum der Rheinromantik in Oestrich-Winkel: das Sommerhaus der Familie Brentano, in dem schon Goethe zu Gast war (Seite 59)

10 Kloster Marienthal
Das berühmte Wallfahrtsziel verlockt zur Einkehr in der Stille der Natur (Seite 68)

11 Schloss Johannisberg
Hier wurde mit der Entdeckung der Spätlese Weinbaugeschichte geschrieben – und im Keller ruhen die berühmtesten Weine (Seite 71)

12 Kabinenseilbahn
Über den Dingen schweben und die Rüdesheimer Rheinkultur aus der Höhe betrachten (Seite 73)

13 Niederwalddenkmal
Ein Muss – nicht wegen des pompösen Denkmals, sondern wegen des phantastischen Blicks aufs Rheintal (Seite 74)

14 Rheingauer Weinmuseum Brömserburg
Das Rheingauer Weinmuseum ist in einer grandiosen Burganlage untergebracht (Seite 74)

15 Thermalfreibad
Täglich frisches Wasser in Schlangenbad (Seite 91)

Mäuseturm im Westlichen Rheingau

AUFTAKT

Egal ob Ihnen danach ist, ein Jazzkonzert zu besuchen, im rosenbewachsenen Burghof nach Antiquitäten zu stöbern, die besten Weine des Landes zu verkosten oder in einem modern designten Gutshof zu übernachten: Wiesbaden und der Rheingau sind ganzjährig ein phantastisches Ziel für vielfältige Entdeckungen. Im Frühling erkunden nicht nur Cabrio- und Motorradfahrer die Straßen am Rhein und fahren durch die Wälder des Taunus. Von Juni bis in den Spätsommer locken zahlreiche Feste und Festivals. Rheinromantik prägt den Herbst zur Zeit der Traubenlese, und im Winter haben Sie Muße für die kulturellen Highlights der Region.

> Auf einer Terrasse über dem Rhein bei Rieslingsekt und geräucherter Forelle. Der Blick schweift über den sanft geschwungenen Treppenabgang, über Ginkgobäume, Eichen, Pavillon und Kräutergarten des Preußenschlosses Hotel Reinhartshausen. Auf dem Fluss gleiten Lastschiffe dahin, ein Heißluftballon segelt über schiefergedeckte Fachwerkhäuser und gotische Kirchtürme, über Weinlagen wie Erbacher Marcobrunn und Kiedricher Sandgrub: Dieses Idyll liegt weniger als eine Autostunde von Frankfurt entfernt.

Zwischen Wiesbaden und Lorch erstrecken sich die grünen Hügel des Rheingaus, gestern eine Quelle der Inspiration für Dichter und Denker, heute eines der Lieblingsziele nicht nur für deutsche Besucher, sondern auch für US-Amerikaner und Japaner. Das Rheingaugebirge, nämlich die südlichen Ausläufer des Taunus, die bis wenige Kilometer an den Rhein heranreichen, schützt die Region vor kalten Winden und Stürmen. Als Teil des Naturparks Rhein-Taunus ist dieser bis 580 m „hohe" Bergzug ein großes Naherholungsgebiet mit zahlreichen Wanderwegen. Bis auf wenige gerodete Flächen ist das Rheingaugebirge von Wäldern bedeckt und stellt somit eines der größten zusammenhängenden Waldgebiete Deutschlands dar. Wanderer finden hier seltene Schmetterlinge und Orchideen, kleinwüchsige, von Moos bedeckte Eichen und viele Farne und Flechten. Doch auch in kultureller Hinsicht hüten der Rheingau und seine sich bei Rüdesheim anschließende Fortsetzung, das Mittelrheintal, Schätze – Schlösser, Burgen, Kirchen und Klöster prägen die Dörfer.

> Das milde Klima ist ideal für den Weinbau

Einer Laune der Natur hat der Rheingau seine spezifische geografische

Nicht nur während der Weinwoche herrscht in Wiesbaden eine fast mediterrane Atmosphäre

Eigenart zu verdanken: Nur hier ändert der Rhein, Deutschlands berühmtester Fluss, auf seiner 1000 km langen Strecke nach Norden seinen Lauf und fließt rund 40 km in Ost-West-Richtung, um dem Taunusgebirge auszuweichen. Dies bewirkt ein günstiges Mikroklima und verhalf so vor etwa 1200 Jahren dem Weinbau zum Durchbruch, nachdem die Römer ihn bereits Jahrhunderte zuvor mitgebracht hatten. Lange, warme Sommer, kurze, milde Winter und ausreichend Regen, dazu eine ganzjährig starke Sonneneinstrahlung auf den Rhein und die nach Süden gerichteten, ihm zugewandten Weinberge: Bessere Bedingungen kann ein Weinbauer sich nicht wünschen.

Heute bedecken Weinberge über 30 km^2 Fläche im Rheingau. Rund vier Dutzend große Weingüter mit mehr als 10 ha sind registriert, zum großen Teil Unternehmen, die seit Generationen in Familienbesitz sind.

Ihnen stehen weit über 300 kleinere Winzerbetriebe zur Seite. Zählt man auch noch die etwa 1000 Winzer hinzu, die ihre bis zu 2 ha großen Weinberge im Nebenerwerb kultivieren, so wird deutlich, warum der Rheingau oft auch als „Weingau" bezeichnet wird.

Der Fremdenverkehr ist neben dem Weinbau der wichtigste Erwerbszweig der Region. An historisch bedeutsamen Orten, in Burgen, Klöstern und Schlössern, können Sie Konzerte und Theateraufführungen besuchen. Inmitten der schmucklosen und doch so eindrucksvollen Wände der romanischen Basilika des Klosters ertönt ein Saxofon, mischt sich mit gregorianischen Gesängen: Immer wieder finden im Kloster Eberbach außergewöhnliche Musikereignisse statt – und ab und zu auch Veranstaltungen spiritueller Natur, wenn buddhistische Pilger aus Asien, auf Besuch in Europa, ihre Reise mit einer Meditation im Kloster Eberbach beginnen. Und Kultur mischt sich im Rheingau mit Genuss: Vom Frühjahr bis zum Herbst finden zahlreiche Feste und Veranstaltungen statt, bei denen der Rheingauer Wein im Mittelpunkt steht. Kulturelle Glanzlichter wiederum bietet das anspruchsvolle Rheingau-Musik-Festival.

> Kultur mischt sich im Rheingau mit Genuss

Schwer zu sagen, wann die beste Zeit für den Rheingau ist. Im Herbst, sa-

WAS WAR WANN?

Geschichtstabelle

1. Jh. Römische Truppen errichten ein Kastell an den heißen Quellen auf dem Gebiet des heutigen Wiesbaden

Um 400 Germanen vertreiben die Römer vom Rhein

772 Erste urkundliche Erwähnung des Rheingaus als fränkische Grafschaft und des Weinanbaus

829 n. Chr. Erstes Zeugnis von Wisibada („Bad in den Wiesen") als Handelsplatz

12. Jh. Epoche der Klostergründungen im Rheingau (Johannisberg, Eberbach, Tiefenthal); Ausweitung des Weinbaus

1525 Während des Bauernkriegs Aufstand der Bauern im Rheingau gegen die Privilegien der Klöster und des Adels; in Wiesbaden Protest gegen die Landesherren

1806 Wiesbaden wird Hauptstadt des Herzogtums Nassau

1810 Die Fertigstellung des Kurhauses markiert den Aufstieg Wiesbadens zur Weltkulturstadt

1918–25 Französische Truppen besetzen den Rheingau; der Versuch, eine unabhängige, an Frankreich angelehnte Rheinische Republik zu etablieren, scheitert

1972 Einrichtung der Rheingauer Rieslingroute zur Förderung des Tourismus

1985 „Der Name der Rose" wird im Kloster Eberbach gedreht

2002 Aufnahme des Mittleren Rheintals in die Unescoliste „Erbe der Menschheit"

2007 Angela Merkel und der russische Präsident Wladimir Putin treffen sich in einem Rheingauer Restaurant

gen die Genießer, zur Zeit der Traubenlese und der Weinauktion im Kloster Eberbach. Oder im Sommer, wenn keine Woche vergeht, ohne dass nicht irgendwo ein Fest gefeiert wird. Oder vielleicht im Winter, wenn Schnee den Dörfern ein beschauliches Aussehen verleiht, Winzer und Gutshöfe ihre Tore zu Adventsausstellungen öffnen. In diese Zeit fällt auch die Fastnacht mit zahlreichen Umzügen, am bekanntesten der von Kiedrich. Vielleicht aber doch im Frühling, wenn die vielen Bäume die alte Kulturlandschaft in grün schimmerndes Licht setzen und an zahlreichen Straßenständen die ersten frischen Erdbeeren, der erste Ingelheimer Spargel verkauft wird.

Zwei bedeutende Städte liegen in unmittelbarer Nähe. Als Einkaufsziel sind sie gleichermaßen geschätzt, das volkstümlichere Mainz ebenso wie das feine Wiesbaden. Das „Nizza des Nordens" zehrt noch heute von seiner einstigen Bedeutung als Weltkulturstadt. Nassauische Baumeister schufen einen einzigartigen Bestand an klassizistischen Palästen, Villen und Bürgerhäusern. In der Spielbank – einem historischen Schmuckstück – verlor schon Fjodor Dostojewski viel Geld. Den russischen Schriftsteller inspirierte das Kasino zu seinem Roman „Der Spieler".

Von Wiesbaden führt die Bäderstraße nach Bad Ems, passiert die Staatsbäder Bad Schwalbach und Schlangenbad. Hier verlief die Entwicklung ähnlich wie in Wiesbaden. Nach den Römern erlebten die Bäder ihre kulturelle Blüte, als zu den Kurgästen die österreichische Kaiserin und die Zarin von Russland zählten. In der Umgebung der heute ganz bodenständigen Orte liegen kleine Taunusdörfer, in denen die rustikale Küche der Region serviert wird – Kontrastprogramm zum mondänen Wiesbaden und den vielen Feinschmeckerrestaurants im Rheingau.

Niederwalddenkmal Rüdesheim: Die Germania mit Reichsschwert und Kaiserkrone wiegt 32 t

> Konzerte in Schlössern, Burgen und Klöstern

Rheingauer, so heißt es, sind selbstbewusst, streitbar, direkt und aufgeschlossen. Die eher derbe hessische Mundart, die man im Rheingau spricht, ist ein passender Ausdruck dieses Naturells. Man kennt sich, ist an jedem und allem interessiert. „Ei, zu wem wolle Se dann?“ bekommen Sie schon mal zur Antwort, wenn Sie nach einer bestimmten Straße fragen.

Der Humor darf im Rheingau nie zu kurz kommen: Im „Spätlesereiter“, einem in der Region gezeichneten und produzierten Comic, der zu den erfolgreichsten Deutschlands gehört, heißt es in Anspielung auf die berühmten ersten Sätze in Julius Cäsars „De bello gallico“ kurz und prägnant: „Europa in seiner Gesamtheit zerfällt in sechs Teile, in Nord-, West-, Süd-, Ost-, Mitteleuropa und den Rheingau.“ Entdecken Sie selbst, dass diese Pointe mehr als ein Bonmot ist!

TREND GUIDE RHEINGAU

Die heißesten Entdeckungen und Hotspots! Unser Szene-Scout zeigt Ihnen, was angesagt ist

Manfred Lüer
Der Weinjournalist ist von seiner Heimat restlos begeistert. Als Biker und Kletterer ist er in der Region genau richtig. Sein Interesse für Kunst, Wein und Sport bringt ihn direkt an die Trends ran. Als Szene-Scout kennt er den Rheingau wie seine Westentasche, und trotzdem überrascht ihn die Region immer wieder mit ihrer Ambivalenz zwischen Tradition und Moderne.

KICKER EXTREM

Das Runde muss ins Eckige

WM und EM sei Dank: Fußball ist angesagter denn je – und das nicht nur auf dem Feld, sondern vor allem auf den Tischen. Man greift wieder zum Kicker. Die Mitglieder der *Wild Card Wiesbaden (Nettelbeckstr. 20, Wiesbaden, www.wild-card-wiesbaden.de)* haben sich sogar schon bis zur 1. Tischfußballbundesliga hochgespielt. Den Turnieren kann man auch im hauseigenen Shootclub zusehen. Doch damit nicht genug: Die Kickerprofis aus dem Rheingau erfinden immer abenteuerlichere Varianten wie z. B. Unterwassertischfußball. Mitglieder des *Tauchclub Shark (Mühlstr. 4, Eltville, www.tauchclub-shark.de,* Foto*)* spielten bei einem Rekordversuch 26 Stunden lang mit Sauerstoffgeräten und einer Stahlkugel in einem 30 000 l fassenden Wassertank. Verrückt! Nicht weniger leidenschaftlich, aber dafür auf dem Erdboden geblieben sind die Amateuerkicker, die sich freitags in *Toms Bierbrunnen (Hellmundstr. 54, Wiesbaden)* treffen. Dann werden bei einem sportlichen Getränk die Tischnachbarn gefordert. Jeder darf mitspielen, doch das Niveau ist selbst bei den Amateuren hoch.

SZENE

FUSION DER KOCHTÖPFE

Think global, eat local

Im aktuellen Gastrotrend verschmelzen die Weltkulturen – zuweilen verknüpft mit zwangloser Eventkultur. Die *7Sinne – FrischeBar (Kirchgasse 2, www.7sinne-frischebar.de)* in Wiesbaden vernetzt panasiatische, mediterrane und regionale Küche. Special Event: Jeden Mittwochabend gibt es *gambas all you can eat* mit Folienkartoffeln und exotischen Saucen. Schmankerl obendrauf: hippe Lichtinstallationen, originelle Foodkreationen und DJs, die am Wochenende die Bar mit House, Funk und Discotrash beschallen. Der Österreicher Markus Seegert vom Wiesbadener *Restaurant M (Hotel de France, Taunusstr. 49, www.mrestaurant.de,* Foto*)* ist weit gereist und kombiniert die Geschmäcker der Welt mit saisonalen Zutaten. Der Schlemmergeheimtipp: lauwarm marinierter Antipasti-Salat mit Thunfisch.

SPONTANITÄT IST TRUMPF

Die Kunst der Improvisation

Im Rheingau mag man es unvorhersehbar und überraschend. Die Improvisationstheater der Region erleben einen wahren Boom, und die Vorstellungen sind Stadtgespräch. Ganz vorne mit dabei: *Für Garderobe keine Haftung (www.fgkh.de,* Foto*)*. Die Gruppe ist mittlerweile eine feste Größe in der Szene und Veranstalter des jährlichen Wiesbadener *Impro-Sommers (www.improsommer.de)*. Das Festival ist das Theater-Highlight des Jahres und Treffpunkt für viele Gruppen wie z. B. *Restrisiko (www.restrisiko.info)*. Während der Shows der siebenköpfigen Truppe erlebt das Publikum Dramen und Parodien mit viel Witz und Spontanität. Einer der beliebtesten Veranstaltungsorte ist die *Walkmühle (Walkmühle 1, Bornhofenweg 9, Wiesbaden, www.walkmuehle.net)*. Hier wirds spannend, wenn sich die Gruppen zum Impro-Match treffen.

JUNGES FORUM

Kunst im Fokus

Innovativ, dynamisch und provokativ: Die junge Avantgarde ist da! Silvia Bernhardt präsentiert in der *Galerie Junges Forum (Nerostr. 3,Wiesbaden, www.galerie-junges-forum.de,* Foto*)* brandaktuelle Kunstströmungen von Malerei über Fotografie bis hin zu Skulpturen und Video. Alle acht Wochen wird immer freitags eine neue Kunstschau eröffnet – ein Publikumsmagnet für die neue Elite und Lokalprominenz. Ebenfalls in der Nerostraße 3: Die *Galerie für Angewandte Kunst (GFAK)* ist die erste Galerie Wiesbadens, die als Schwerpunkt Designklassiker des 20. Jhs. gewählt hat und diesen mit Originalen von Alvar Aalto bis Marco Zanuso vertritt. Sie versteht sich gleichzeitig als Plattform für zeitgenössisches Produktdesign. Auch über die Kunsträume im Wiesbadener Westend spricht die Szene: Ein Must-See sind die *Offenen Ateliers (www.offene-ateliers-westend.de)* mit vielen Studios und den neuesten Ausstellungen. Kunsträume zum Betreten!

LASS KRACHEN!

Es rockt am Rhein

Live-Rock-Events sind anziehend! Treffpunkt der Fans ist das Open-Air-Konzert *Rock am Rhein (Rheinanlagen, Rüdesheim, www.montagskicker.net).* Hier zeigen Newcomer und Bands aus der Umgebung, was sie draufhaben. Lokale Größe ist die Wiesbadener Rockband *Shelby (www.shelby400.com,* Foto*).* Sie liefert puren Rock und ehrlichen Sound und ist bekannt für ihre starken Auftritte. Absoluter Kracher unter den Rockbands am Rhein sind *The Bordells (www.thebordells.de).* Was sie antreibt? Rastlose Rock-'n'-Roll-Energie und wilde Beats! Interessiert? Dann ab ins *Eckhaus (Hirschgraben 17, Wiesbaden).* Die Bar hat Kultstatus, denn hier gibts das Beste aus Punk, New Wave, Ska und natürlich Rock. Noch nicht genug? Kostenlose Livekonzerte stehen am Wochenende im *Session (Walramstr. 1, Wiesbaden, www.session-wiesbaden.de)* auf dem Programm.

MARATHON-MASSAGE

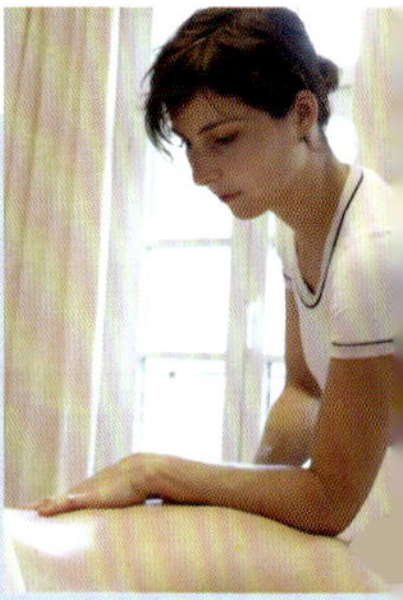

Stunden der vollkommenen Entspannung

Je länger, desto relaxter ist das neue Wellnessmotto. Long-Time-Massagen sind der Renner. Vier Stunden und länger massiert Barbara Müller *(www.lifearts-bm.de)*. Das Ergebnis: Enstpannung pur und ein völlig neues Körpergefühl. Wenn Heidi Reupold und Oliver Berner *(Goldgasse 8, Wiesbaden, www.fokus-koerper.de,* Foto*)* massieren, dann nicht nur mit vollem Körpereinsatz, sondern auch über mehrere Stunden hinweg. Ihre Unterarmstreichungen lösen so ganz sanft sämtliche Verspannungen. Mit *Vunkuwa* (afrikanisch für „Körperarbeit") wird man stundenlang in der Praxis *Gritzka* im *Thermalbad Aukammtal (Leibnizstr. 7, Wiesbaden)* verwöhnt.

PRIVATE NIGHTLIFE

Man feiert unter sich

Wer Partygedränge und Co. satt hat, ist im Rheingau richtig. Die Szenepeople feiern am liebsten mit Rückzugsmöglichkeit. Wie im *Flagranty (Nerotal 66, Wiesbaden, www.flagranty.de)*, wo man sich z. B. in eine private Lounge zurückziehen darf. Kostet zwar extra, dafür ist man mit Kühlschrank, Plasmafernseher und Musikanlage völlig autark. Kostenlos hingegen die Galerie mit kleinen Sitzecken im Club *Cubique (Taunusstr. 27, Wiesbaden, www.cubique-club.de,* Foto*)*. Die wiedereröffnete Diskothek *Basement (Schwalbachstr. 47, Wiesbaden, www.basement-wiesbaden.de)* lockt alternative Clubgänger in die Chilloutlounge mit gemütlichen Ledersofas.

ON TOUR

Laufen für den guten Zweck

Joggen ist Volkssport – doch die Hobbysportler im Rheingau laufen nicht nur zu ihrem eigenen Vergnügen. Immer mehr Benefizläufe locken Hunderte Lauffans an. So auch der 25-Stunden-Lauf der *Wiesbadener Sportförderung (Friedenstr. 34, Wiesbaden, www.wispo-online.de,* Foto*)*. Nach dem Motto „Gesunde Muskeln für kranke Muskeln" veranstaltet *laufendhelfen.de (www.laufendhelfen.de)* jedes Jahr den Rheinsteig-Erlebnislauf, der den Sportlern alles abverlangt. Schließlich wird an acht Tagen je ein Marathon gelaufen. Der Erlös wird dem Verein aktion benni & co. übergeben. Zugunsten der Palliativstation der HSK-Stifung wird der HSK-Stadtlauf *(www.hsk-wiesbaden.de)* organisiert.

> BURGEN UND GEBÜCK, BÜTTCHEN UND SEKT

Notizen zu einer Region, in der das Flair des Mittelalters und die moderne Businesswelt des 21. Jhs. harmonisch koexistieren

ÄSKULAPNATTER

Ihr Anblick soll Glück verheißen: Bis zu 2 m lang wird die im Rheingau beheimatete, unter Naturschutz stehende Äskulapnatter. Die dunklen, auf der Bauchseite hellgelb leuchtenden Tiere schätzen sonnige Täler, Bruchsteinmauern und die Nähe warmer Quellen. Die ungiftige Natter, der das Heilbad Schlangenbad seinen Namen verdankt, war das Vorbild für das Symbol des antiken Gottes der Heilkunst und der Ärzteschaft, den Äskulapstab. Vermutlich wurden die Tiere zur Zeit der Römer als Tempelschlangen im Rheingau angesiedelt.

EBS

Das Kürzel steht für European Business School. Die Ende der Siebzigerjahre gegründete private Wirtschaftshochschule entwickelte sich zu einer

STICH WORTE

Eliteschmiede für den Businessnachwuchs. Die Zugangsvoraussetzungen sind anspruchsvoll, die Studiengebühren nicht niedrig, die lehrenden Professoren werden unterstützt durch externe Dozenten aus der Wirtschaft und international erfolgreiche Manager. Integriert ins Studium sind zwei Auslandssemester, als Abschluss winkt der Master of Business Administration. Hauptsitz der Hochschule ist das zu Oestrich-Winkel gehörige Schloss Reichartshausen. Der Lehrstuhl für Immobilienökonomie ist im historischen Bau des ehemaligen Oestricher Rathauses untergebracht.

ERBE DER MENSCHHEIT

Das obere Mittelrheintal wurde 2002 in die Unescoliste des Erbes der Menschheit aufgenommen. Damit befindet sich die Region zwischen Rüdesheim und Bingen im Süden sowie Koblenz im Norden in bester Gesellschaft. 67 Flusskilometer und 21 aus dem Mittelalter stammende Burgen: Wer die kurvenreiche Strecke entlangfährt, der passiert – rein rechnerisch – alle 3 km eine neue Burg.

FACHWERKHÄUSER

Im Rheingau begegnen Besucher überall den schönsten Fachwerkhäusern. Im Lauf der Altstadtsanierungen seit Mitte der Siebzigerjahre wurden viele versteckte Fachwerke wieder freigelegt. Von Putz und Verschieferung befreit, traten die kunstvollsten Konstruktionen ans Licht. Ältere Fachwerkhäuser aus dem 17. Jh. waren als Putzfachwerk erbaut, hier dienten also die Gefache von vornherein nur statischen Zwecken. Im 18. Jh. hingegen entstanden prächtige, als Sichtfachwerke konzipierte Häuser. Die Giebelseiten sind gelegentlich geschmückt mit prächtigem Zierfachwerk. Selten ist im Rheingau dagegen die dekorative Bemalung des Zierfachwerks.

FASTNACHT

Die „fünfte Jahreszeit" wird im Rheingau ausgiebig und ausgelassen gefeiert. Hochburg ist zweifellos Kiedrich, wo das närrische Treiben am Donnerstag beginnt und mit dem Rosenmontagszug seinen Höhepunkt hat. In vielen weiteren Orten sowie in der Landeshauptstadt Wiesbaden finden an unterschiedlichen Tagen Fastnachtsumzüge statt.

FREISTAAT FLASCHENHALS

In den Zwanzigerjahren des 20. Jhs. existierte zwischen Lorch und Kaub dieser winzige Freistaat – sogar über eigenes „Notgeld" verfügten die Bür-

Rosenmontagszug: Kiedrich ist die Hochburg der Rheingauer Fastnacht

ger der beiden Gemeinden. Dieses sonderbare Gebilde hatte sich nach dem Ersten Weltkrieg im Zug der Besetzung durch die Armee der Alliierten entwickelt. Sowohl die amerikanische als auch die französische Siegermacht bildeten halbkreisförmige Brückenköpfe in der Region. Da sich diese nicht überlappten, blieb ein unbesetzter Raum in Form eines Flaschenhalses übrig, abgeschnitten vom übrigen Deutschland der Weimarer Republik. Die groteske Situation dieses Freistaats währte immerhin vier Jahre von 1919 bis 1923.

GEBÜCK

Wie im Märchen von Dornröschen: Eine gewaltige Hecke aus Hainbuchen und allerlei Strauchwerk, das sogenannte Gebück, schützte den Rheingau über Jahrhunderte gegen Eindringlinge. Die Mainzer Erzbischöfe zeichneten verantwortlich für diese effektive Form der Landwehr, die vom 12. bis 18. Jh. die Region zwischen Walluf, der „Pforte des Rheingaus“, und Lorchhausen vor Angreifern schützte. Bollwerke sicherten die wenigen durch das Gebück führenden Wege. Nachdem das Gebück 1770 aufgegeben wurde, sind heute nur noch wenige Überreste der Landwehr erhalten. Bekannt ist die Mapper Schanze, ein 1492 errichteter Torturm nahe dem Rhein-Höhenweg oberhalb von Hallgarten.

JAPAN

Japaner bilden neben US-Amerikanern die wichtigste Besuchergruppe im Rheingau. Grund genug, immer wieder die Werbetrommel in Nippon zu rühren. Nachdem die Rheingauer Weinkönigin in Japan für ihre Heimat geworben hatte, reiste sogar ein

Holzerker in Rüdesheims Drosselgasse: Weinselige Szenen prägen das Schnitzwerk

japanisches Filmteam in die Region, um hier für eine beliebte Dokumentationsreihe zu drehen. Der in Japan berühmte Moderator Hideo Shinozawa, Professor für französische Literaturgeschichte, drehte mit der Mannschaft des Privatsenders TBS einen 45-minütigen Beitrag über den Rheingau. Gezeigt wurden die bereits vielen Japanern bekannten

Highlights wie Kloster Eberbach, Schloss Vollrads, Schloss Johannisberg und Rüdesheim. Sogar das Loreley-Lied wurde den Zuschauern präsentiert – gesungen vom Filmteam in einer japanischen Version.

KLÖSTER

Viele Jahrhunderte lang waren es Klöster, die im Rheingau das gesellschaftliche, kulturelle und wirtschaftliche Leben prägten. Mönche und Nonnen waren nicht nur für die Belange des geistigen Lebens zuständig, sondern betrieben auch Viehzucht und Weinbau. An einige dieser Klöster erinnern heute nur noch Mauerreste, wie zum Beispiel an das ehemalige Nonnenkloster Gottesthal im Pfingstbachtal bei Mittelheim, das 1803 aufgelöst wurde. In anderen, wie dem von Benediktinerinnen bewohnten Hildegardiskloster in Rüdesheim, wird heute noch nach den überlieferten Klosterregeln gelebt. Als Wallfahrtsziel ist Kloster Marienthal weiterhin von nationaler Bedeutung. Eberbach, das berühmteste der Rheingauer Klöster und ein Architekturdenkmal von internationaler Bedeutung, ist heute eine Stiftung und unter anderem auch Schauplatz des Rheingauer Musikfestivals. Einst beherbergten die Mauern von Kloster Eberbach den bedeutendsten Mönchsorden des Mittelalters: die Zisterzienser, die ganz nach den strengen Regeln des hl. Benedikt lebten.

RHEINROMANTIK

Dichter und Denker, Komponisten und Gelehrte – in der zweiten Hälfte des 19. Jhs. entdeckten sie ihre Liebe zum Rhein, verewigten ihn in Gedichten und Liedern. Der Wunsch nach (Ritter-)Romantik und einer Vergangenheit, die voller Abenteuer steckte, ließ den Rheingau als urdeutsches Reiseziel erblühen. Und die Architekten unterstützten die Sehnsucht nach Rheinromantik, indem sie sogar künstliche Burgruinen schufen, etwa 1873 die Ruine Schwarzenstein bei Johannisberg.

TRAUBENLESE

Vom Weinstock ins *Büttchen* und anschließend in die von kräftigen Helfern auf dem Rücken getragene *Bütt* – dieses Bild bestimmte Jahrhunderte lang die Weinlese. Doch neben der Lese von Hand setzt sich immer mehr die maschinelle Ernte durch. Voraussetzung für den Einsatz von Erntemaschinen ist ein größerer Abstand zwischen den einzelnen Rebzeilen. Nur dann können die hohen und breiten Maschinen durch Klopfen und Rütteln die Trauben ernten. Die herabfallenden Früchte werden von einem Lamellensystem aufgefangen, das die Rebstöcke umschließt und die Trauben anschließend auf einem Förderband zum Auffangbehälter transportiert. In wenigen Stunden können auf diese Weise ganze Weinberge abgeerntet werden. Kleinere Weinbaubetriebe und solche, deren Weinberge auf Steillagen angelegt sind, lassen nach wie vor mit der Hand lesen – an sonnigen Herbsttagen eine reizvolle, wenngleich anstrengende Beschäftigung. Übrigens: Zur Zeit der Lese sind die Weinberge für Spaziergänger tabu.

WEINBAU

Von seiner Fläche her (3200 ha) ist der Rheingau eines der kleinsten deutschen Weinanbaugebiete. Der Geschmack des Rheingauer Weins ist geprägt vom milden Klima und von den unterschiedlichen Weinbergslagen. Schieferverwitterungsböden und starke Sonneneinstrahlung auf Steillagen sind ausschlaggebend für Frucht und Eleganz der Rüdesheimer Weine. Reich an Volumen und Gehalt sind die Johannisberger Weine, verursacht durch steinigen Lössboden. Quarzitböden und ebenfalls steiniger Löss prägen die Qualität der Trauben in Oestrich, Mittelheim und Winkel, die von Kennern als fruchtig-würzig, reich und vollmundig beschrieben werden. Marcobrunn, Steinberg und Nussbrunnen sind die Lagennamen, die den Eltviller Wein international bekannt machten. Vulkanische Phylitböden dominieren in Rauenthal und prägen den fruchtbetonten, säurehaltigen Charakter der dortigen Rieslingweine. Immer beliebter werden in den letzten Jahren nach ökologischen Gesichtspunkten angebaute Weine. Das Rüdesheimer Weingut Georg Breuer, dessen Weine internationales Renommee besitzen, setzt auf naturgemäßen Weinbau mit geringeren Erträgen, auf saisonale Begrünung und auf Abkehr von der Monokultur. Das Kürzel VDP steht für den 1910 gegründeten Verband Deutscher Prädikatsweingüter. Zu diesem prestigeträchtigen Zusammenschluss, der hilft, die besten deutschen Weine weltweit zu vermarkten, gehören auch mehrere im Rheingau ansässige Winzer.

An den steilen Rheinhängen ist die Weinlese von Hand noch echte Knochenarbeit

SCHNORRERRALLYE UND MAGIC BIKE

Das ganze Jahr über wird gefeiert, finden Veranstaltungen zu kulturellen und Gaumengenüssen statt

FESTE UND EVENTS

Februar/März

Fastnacht: Umzüge in vielen Dörfern, der größte ist der *Rosenmontagszug* in Kiedrich. Ebenfalls in Kiedrich findet am Donnerstag zur Altweiberfassenacht die Insider Tipp *Schnorrerrallye* statt. Maskierte schnorren in Kiedricher Kneipen und Restaurants, die abschließende Demaskierung und Prämierung findet gegen Mitternacht im Fastnachtszelt statt.

Zwei Wochen Anfang März

Rheingau-Gourmet-&-Wein-Festival: Die Starköche Europas treffen sich im Rheingau, und die Restaurants in der Region machen mit. *www.rheingau-gourmet-festival.de*

Mai/Juni

Insider Tipp ▶▶ *Magic Bike Rüdesheim* am auf Fronleichnam folgenden Wochenende: starkes Aufgebot mit Hunderten von Harley-Davidson-Fahrern aus aller Welt mit üppigem Beiprogramm. *www.magic-bike-ruedesheim.com*

Juni

Beim *Theatrium (Wilhelmstraßenfest)* an einem Wochenende Mitte Juni heißt es sehen und gesehen werden auf Wiesbadens Pracht- und Flaniermeile Wilhelmstraße. Hummer und Co. an den Ständen, Schampus und Cocktails werden ausgeschenkt. *www.wilhelmstrassenfest.de*

★ *Tal Total:* Am letzten Junisonntag wird zwischen Rüdesheim und Lahnstein die B 42 und zwischen Bingen und Koblenz die B 9 für Autos gesperrt – Fahrradfahrer, Inlineskater und Spaziergänger sind zu Tausenden unterwegs. Pausiert wird unterwegs an den zahlreichen Ständen, die für Essen und Trinken sowie für Unterhaltung sorgen. *www.taltotal.de*

Mitte Juni–Ende August

In der einmaligen Kulisse der historischen Burg finden im Rahmen der *Burghofspiele Eltville* zahlreiche Konzerte und Theateraufführungen statt. *www.burghofspiele.de*

Aktuelle Events weltweit auf www.marcopolo.de/events

>EVENTS FESTE & MEHR

Erstes Juliwochenende
Sekt- und Biedermeierfest Eltville: Sekt und Weinstände am Rheinufer und um die Kurfürstliche Burg, abschließendes Feuerwerk am Montagabend. www.rheingau.de/feste
Rhein im Feuerzauber: Über dem Rhein und den Burgen, zwischen Rüdesheim, Bingen und Assmannshausen, werden sieben Feuerwerke veranstaltet, die Burgen und Schlösser in „brennende" Beleuchtung versetzen. Am schönsten erlebt man das Ereignis auf einem der 50 Schiffe, die dann die Strecke befahren. www.rhein-im-feuerzauber.de

Juli/August
★ *Rheingau-Musik-Festival:* Mehr als 140 Konzerte auf über 40 Bühnen des Rheingaus mit Weltklassesolisten und -orchestern. www.rheingau-musik-festival.de

Zehn Tage Mitte August
★ *Wiesbadener Weinwoche:* Höhepunkt des jährlichen Treibens um Sekt, Wein und Gourmetküche mit rund 100 Ständen.

September
Tage der offenen Weinkeller, jeweils zwei Tage in den unterschiedlichen Weinorten: Rheingauer Winzer laden zur Kellerbesichtigung und Verkostung in ihre Güter. www.rheingau.de

Erste Novemberhälfte
Die Glorreichen Tage: Während der einwöchigen Veranstaltung bringen ausgesuchte Restaurants und Weingüter Weine des VDP und die Kreationen renommierter Köche zusammen. www.vdp-rheingau.de

Dezember
Während der Adventssonntage finden kleine, überaus stimmungsvolle *Weihnachtsmärkte* statt, besonders schön in Kiedrich und Eltville. In der Rüdesheimer Altstadt wird der *Weihnachtsmarkt der Nationen* (www.w-d-n.de) mit etwa 120 Ständen aufgebaut.

> WECK, WORSCHT UND WOI

Gutsausschänke und Straußwirtschaften locken mit regionalen Spezialitäten – doch die Hauptrolle spielen Riesling- und Spätburgunderweine

> Die hessische Küche ist bäuerlich geprägt und orientiert sich an den Jahreszeiten. In dieser Tradition stehen auch die zahlreichen im Rheingau vertretenen Gutsausschänke und Straußwirtschaften.
Neben kalten Speisen wie Handkäs mit Musik, Spundekäs und Wurstbrot werden dort auch einfach zubereitete warme Speisen angeboten. Klassiker sind Bratkartoffeln und Sülze, Winzersuppen und im Herbst Zwiebelkuchen.

Neben den zahlreichen Restaurants, die klassische bürgerliche Küche (Schnitzel, Steak & Co.) servieren, lebt im Rheingau und in Wiesbaden auch eine Haute Cuisine. In einer Reihe von Feinschmeckerrestaurants bereiten engagierte Köche aus besten, erntefrischen Zutaten köstliche Gerichte, die ihnen glückliche Gäste und hohe Wertungen in den Gourmetführern sichern. Im Trend liegt eine leichte Küche, die aus den Tra-

ESSEN & TRINKEN

ditionen schöpft und diese zugleich phantasievoll ergänzt. So wird etwa warme Blutwurst mit Currysauce kombiniert, Rotkohl mit frischen Feigen gedünstet, wird die Buttermilchsülze von der Forelle aus dem Wispertal mit ausgebackenen Zucchiniblüten serviert und das Freilandschwein in Holunderblütenöl geschmort.

„Glorreiche Tage“ heißt die jährlich im November stattfindende Woche mit einer Fülle von Veranstaltungen, bei der beste Weine und beste Küche zusammenkommen. Prädikatsweine aus dem Rheingau werden zu den Kreationen renommierter Köche gereicht. Die teilnehmenden Restaurants bieten besondere mehrgängige Menüs; Höhepunkt ist die Rieslinggala im Laiendormitorium von Kloster Eberbach.

Auf Grund ihres niedrigen Alkoholgehalts und der fruchtigen Säure gelten die Rheingauer Rieslingweine als gute Begleiter der Speisen. Es gilt allerdings, einige Grundregeln zu beachten. So sollte der Alkoholgehalt des Weins auf das jeweilige Essen abgestimmt sein. Je deftiger die servierten Speisen, desto besser passen Qualitätsweine mit einem höheren Alkoholgehalt dazu. Zu Salaten munden ausgezeichnet halbtrockene Rieslingweine, die die Säure der Salatsauce mildern. Zum Dessert werden gern Rieslingauslesen gereicht; nur Zitrussorbets machen dabei eine Ausnahme, da deren Säure nicht mit der des Weins harmoniert.

> SPEZIALITÄTEN

Genießen Sie die typische Rheingauer Küche!

Forelle – über Tannenholz geräucherte Forelle, meist aus dem Wispertal

Frankfurter grüne Sauce – aus sieben frischen Kräutern gerührte Joghurt- bzw. Mayonnaisesauce, serviert mit neuen (Pell-)Kartoffeln

Handkäs mit Musik – Harzer Käse, eingelegt in Öl und Zwiebeln

Maibowle – mit Waldmeister angesetzte Bowle aus Sekt und Weißwein

Quetschekuche – Zwetschgen- bzw. Pflaumenkuchen

Rüdesheimer Kaffee – Kaffee mit Sahnehaube und einem Schuss Asbach Uralt

Schlachtplatte – verschiedene Würste, Schnitzel, Braten, ganz traditionell gehört auch eine *Worschtsupp* (Brühe, in der beim Schlachten Leberwurst, Griebenwurst und Kesselfleisch gar gekocht werden) dazu

Spargel – kommt im Rheingau meist aus Ingelheim und wird mit Butter oder Sauce hollandaise und (geräuchertem) Schinken serviert (Foto)

Spundekäs – mit Kräutern verfeinerter Doppelrahmfrischkäse

Sülze – Aspik in unterschiedlichen Zubereitungsarten, im Sommer häufig aus Rindfleisch, dazu reicht man Bratkartoffeln, Brot und Meerrettich

Uffgesetzter – mit eingelegten Früchten verfeinerter Tresterschnaps, aus den Rückständen nach dem Auspressen der Weintrauben gebrannt

Wildschweinsülze – Spezialität im Herbst und Winter, oft von im Rheingau erlegten Wildschweinen

Winzersuppe – die Rezepte mögen von Ort zu Ort unterschiedlich sein, Kräuter, Sahne und ein Schuss Riesling gehören meist dazu

Winzerweck – Roggenbrötchen, überbacken mit gekochtem Schinken und Käse

Zwiebelkuchen – Blechkuchen aus Hefeteig, geräuchertem Speck, milden Gemüsezwiebeln und Sauerrahm

Als Aperitif empfiehlt sich ein Glas Sekt. Neben den großen, auch international bekannten Marken trinkt man verstärkt Winzer- oder Rieslingsekt. Aus imagefördernden Gründen gehen auch kleinere Weinbaubetriebe dazu über, ihre eigenen Weine versekten zu lassen.

Als Spezialität steht im Herbst, kurz nach Beginn der Traubenlese, in den Lokalen und Gutsausschänken der Federweiße auf der Karte. Der milchig-trübe Saft entsteht bei der Traubenmostgärung; er ist nicht nur hefe- und vitaminreich, sondern wirkt auch verdauungsfördernd. Der Alkoholanteil ist zu Beginn gering (ca. zwei bis vier Prozent) und steigt mit dem Fortschreiten des Gärprozesses nach und nach an.

Was die Buschenschenken in Österreich oder die Besenwirtschaften in Baden-Württemberg, sind im Rheingau die Straußwirtschaften – eine volkstümliche Art, den Wein zu genießen, nämlich direkt beim Erzeuger. Während größere Winzer ihre Gutshöfe das ganze Jahr über geöffnet haben, dürfen Feierabend- und Nebenerwerbswinzer vier Monate im Jahr Gäste empfangen. Die auf Karl den Großen zurückgehende Erlaubnis sieht jedoch vor, dass ausschließlich Weine der eigenen Produktion ausgeschenkt werden. Der äußere Rahmen der per Gesetz auf 40 Sitzplätze beschränkten Ausschankorte mag stark variieren – von nüchtern-schlicht (wenn es sein muss, auch in der Garage) bis urig-volkstümlich –, auf den Tisch kommen jedoch stets die eigenen Weine sowie regionale Spezialitäten. Gourmetküche können Sie in Straußwirtschaften nicht erwarten, denn im Vordergrund steht der Wein. Weck und Worscht, also ein Brötchen mit Fleischwurst, sind allerdings immer dabei. „Wo's Sträußche hängt, wird ausgeschenkt“ lautet das Motto, und dies ist auch

Auch als Aperitif beliebt: Rheingauriesling

der Titel eines im Rheingau vorrätigen Führers, der Straußwirtschaften porträtiert.

Die in der Regel von April bis Oktober geöffneten Weinprobierstände, anzutreffen u. a. in Eltville, Erbach, Hattenheim, Oestrich-Winkel, Martinsthal und Kiedrich, werden von einzelnen Winzern bestückt, die zu festen Zeiten ihre Produkte ausschenken.

WEINGÜTER UND KLOSTERLÄDEN

Neben Wein und Winzersekt locken in der Region zahlreiche Spezialitäten fern von industrieller Massenfertigung

> Typischen Souvenirkitsch findet man im Rheingau eher selten, einmal abgesehen von den Miniaturweingläsern mit vergoldeter Bemalung, den Püppchen in Winzerinnentracht, der Küferpuppe mit roter Trinkernase, die so manche Besucher aus dem Ausland irritiert betrachten.

ANTIQUITÄTEN

Die regelmäßig veranstalteten Antikmessen sind ein Mekka für Liebhaber antiker Kleinmöbel und historischen Spielzeugs. Daneben locken zahlreiche auf Antiquitäten spezialisierte Geschäfte in Wiesbaden (dort gilt die Taunusstraße als Antiquitätenmeile) sowie in den Dörfern von Rheingau und Taunus. Im Kloster Eberbach sind Schätze für Freunde bibliophiler Kunst erhältlich.

COMICS

„Ich hör der Winzer froh Getümmel, hier ist des Volkes wahrer Himmel, zufrieden jauchzet Groß und Klein, hier bin ich Mensch, hier trink ich Wein" heißt es frei nach Goethe im Kultcomic „Karl" aus dem Rheingau. Die skurrilen, auf historischen Ereignissen beruhenden Begebenheiten erhält man in den Rheingauer Buchhandlungen und im *Karl-Shop (Hauptstr. 11 | Martinsthal | www.ak-verlag.de)* des ak-Verlags. Auch zwei englischsprachige Versionen („Spätlese-Rider" und „The Huge Barrel") sowie eine japanische Ausgabe sind erhältlich.

KULINARISCHES

Eine Fundgrube für hausgemachte Spezialitäten, z. B. für Marmeladen aus Traubensaft und Maulbeeren, sind besonders die Wochenmärkte. Selbst gemachte Konfitüren werden in vielen Obst- und Gemüseläden angeboten. Das ganze Jahr über kann man im Wispertal frisch über Tannenholz geräucherte Forellen kaufen, eine Delikatesse, die viele gleich an Ort und Stelle verzehren. Einen Besuch lohnt auch der Klosterladen *Dinkel & Likör* der Benediktinerinnenabtei St. Hildegard bei Rüdesheim; hier verkaufen die Schwestern 65 verschiedene

> EINKAUFEN

Dinkelprodukte. Aus dem eigenen Klosterweingut stammen Riesling und Spätburgunder, die Sie auch im Probierstübchen verkosten können.

SEKT

Neben Frankreich gehört Deutschland zu den weltweit größten Sektproduzenten – und daran hat der Rheingau einen beträchtlichen Anteil. In Eltville begann Matheus Müller 1837 mit der Schaumweinproduktion. Die Auswahl der Grundweine bestimmt maßgeblich die Qualität des Sekts. Ein weiteres Gütekriterium ist die Art der „Sektwerdung", wobei die Flaschengärung, also das sogenannte Champagnerverfahren mit langer Reifung auf der Hefe in der originalen Sektflasche, die anspruchsvollste Form der Herstellung ist. In Rüdesheim produziert seit 1919 die Sektkellerei Ohlig. Aus Riesling, Spät- und Weißburgunder sowie aus Chardonnay entstehen sowohl Cuvées (aus Weinen unterschiedlicher Lagen und Jahrgänge zusammengesetzt) als auch Jahrgangs- und Lagensekte. Auf Edelsekte konzentriert sich Schloss Vaux in Eltville. Neben den großen Sektkellereien bieten immer mehr Winzer einen eigenen Rieslingsekt an.

WEIN

Besonders beliebt sind Flaschenweinpräsente der Vinotheken und Weingüter, repräsentativ im Einzel- oder Dreierkarton verpackt. Ein schönes Souvenir sind auch Probiergläser (0,1 l), auf denen der Name des jeweiligen Weinguts steht. Vinotheken mit großer Auswahl und Gelegenheit zum Probieren finden Sie z. B. in *Eltville (Rheingauer Str. 38 | www.vinothek-eltville.de)*, *Erbach (Erbacher Str. 31 | www.wein-dekanei.de)*, *Hattenheim (Hauptstr. 25 | www.weinpunkt-vinothek.de)*, im *Kloster Eberbach (www.klostereberbach.de)* bei Kiedrich, im *Schloss Vollrads (www.schlossvollrads.com)* bei Winkel, im *Schloss Johannisberg (Wein-Cabinet | Schlossallee | www.schloss-johannisberg.de)* und im *Weingut Prinz von Hessen (Im Grund 1 | www.prinz-von-hessen.de)* in Johannisberg.

> REICHTUM UND GLANZ EINER KURSTADT

Historisch, gepflegt, mondän – die hessische Landeshauptstadt beeindruckt viele Besucher

KARTE IN DER HINTEREN UMSCHLAGKLAPPE

> In der hessischen Landeshauptstadt wird gern gezeigt, was man hat. Tatsächlich leben in Wiesbaden, bezogen auf die Bevölkerungszahl, die meisten Millionäre Deutschlands.

Zwischen Rhein und Taunus gelegen, schmiegt sich die elegante Kurstadt in eine Talsenke der südlichen Mittelgebirgsausläufer. Ihr Aufstieg begann mit der Wahl zur Residenzstadt der Nassauer Herzöge im Jahr 1806. Später sorgten vor allem die Hohenzollernkaiser Wilhelm I. und Wilhelm II. dafür, dass sich Wiesbaden zur Weltkulturstadt entwickelte. Das einzigartige Aussehen der Stadt wird maßgeblich durch den Historismus geprägt, eine architektonische Stilrichtung, die die Epoche vom frühen 19. Jh. bis zum Ersten Weltkrieg umspannt. Diese eklektizistische Stilform erschöpft sich in der Nachah-

Bild: Kurhaus Wiesbaden

WIESBADEN

mung früherer Stile, entweder als Neuauflage eines einzelnen oder als Mischung mehrerer Stile. Prächtige Bürgerhäuser und öffentliche Gebäude mit repräsentativen Fassaden sowie klassizistische Villen und Gebäude der Kaiserzeit prägen das Stadtbild.

Einzigartig sind auch die ehemaligen Villenviertel des Großbürgertums: 1818 entwarf Christian Zais zwischen Wilhelm-, Taunus-, Röder-, Schwalbacher und Friedrichstraße einen Plan geschlossener Landhausbebauung, der zwei Jahrzehnte später realisiert wurde.

Bereits vor 2000 Jahren blühte hier das Badewesen. An den heißen Quellen von Aquis Mattiacis fanden schon die Römer Erholung und Linderung von Beschwerden. Im Lauf der Jahrhunderte entwickelte sich Wiesbaden dann zur überregional bedeutenden Kurstadt. Zu Zeiten Kaiser Wilhelms gab es an die 250 Badehäuser. Noch heute sprudeln 26 Quellen aus dem Untergrund, die täglich 2 Mio. l bis zu 70 Grad heißes Wasser ergeben.

Im Zentrum der 275 000-Ew.-Stadt liegen die Marktstraße und der Schlossplatz, heute Teil der Fußgängerzone. Das Schloss, Sitz des hessischen Landtags, das Alte Rathaus und die Marktkirche zählen zu den schönsten Bauwerken der Stadt. Die das innere Zentrum nach Osten hin begrenzende Wilhelmstraße verströmt mondänes Flair: In Wiesbadens Prachtstraße finden Sie teure Boutiquen und auf der dem Kurpark zugewandten Straßenseite Kasino, Theater, Tanzschulen, exklusive Verbände und Geschäftsvillen. Unterschiedlich ist die Atmosphäre in den jeweiligen Vierteln. Studenten und junge Akademiker schätzen die großzügigen Altbauwohnungen des Rheingauviertels im Westen zwischen 1. und 2. Ring. Ebenso wie im einst als „Katzeloch" verschmähten Bergkirchenviertel im Nordwesten des historischen Fünfecks finden sich hier umfassend restaurierte klassizistische Wohnbauten. Das Westend ist das lokale Kneipenviertel; im sogenannten Bermudadreieck zwischen Taunus-, Röder- und Coulinstraße liegen zahlreiche Bars, Restaurants und Kneipen.

Im klassizistischen Schloss von 1842 tagt heute das hessische Landesparlament

SEHENSWERTES

ALTES RATHAUS UND SCHLOSS [U E2]

Am Ende der Marktstraße, einer der gepflegten Einkaufsstraßen in der

Wiesbadener Innenstadt, erhebt sich ein Ensemble historischer Bauwerke: Das ockerfarbene Alte Rathaus präsentiert sich heute im Stil der Gründerzeit, geht in Teilen aber zurück auf das Jahr 1610. Die Reliefs zeigen allegorische Darstellungen der Tugenden Klugheit, Mäßigung, Stärke, Gerechtigkeit und Nächstenliebe.

Gegenüber erhebt sich die einstige Residenz der nassauischen Herzöge und der Hohenzollern, das 1842 im Stil des romantischen Klassizismus errichtete Schloss. Das gewaltige Eckgebäude ist heute Sitz des hessischen Landtags. *Busse: Dern'sches Gelände*

BIEBRICHER SCHLOSS UND SCHLOSSPARK [120 B4]

Der ehemalige Sitz der Fürsten von Nassau, von 1701 bis 1746 als Barockschloss erbaut, leuchtet in auffälligem Rot und Weiß direkt am Rheinufer. Der im Zweiten Weltkrieg zerstörte Ostflügel wurde 1982 wieder aufgebaut. Heute ist der lang gestreckte, dreiflügelige Schlossbau Sitz verschiedener Behörden und dient der hessischen Landesregierung zu Repräsentationszwecken. Der Öffentlichkeit zugänglich ist der wunderschöne Schlosspark. In den alten Bäumen hat eine Kolonie ausgewilderter Kleinpapageien ihre neue Heimat gefunden. Die im Park liegende Mosburg wurde im 19. Jh. im Zuge der Rheinromantik als künstliche Ruine erbaut. Davor bildet der Mosbach einen kleinen Teich – ein hübscher Ort für ein Picknick. Insider Tipp *Frei zugänglich, Zugänge: Am Schlosspark, Am Parkfeld, Mosburgstr. und Rheingaustr. | Bus 9, 14: Schloss Biebrich, 3, 4: Rheinufer*

ERFAHRUNGSFELD DER SINNE [120 A3–4] Insider Tipp

Kein Museum im herkömmlichen Sinn: Im Kulturdenkmal Schloss Freudenberg befindet sich das „Erfahrungsfeld zur Entfaltung der Sinne". Über fünf Dutzend Stationen laden ein, u. a. dem Fühlen, Tasten und Hören auf den Grund zu gehen. Vor allem für Familien einen Besuch wert! *Di–Fr, Mai–Okt. auch Mo 9–18, Sa/So 12–18 Uhr | 10 Euro | Freudenberger Str. 222 | Bus 27: Dotzheim-Mitte, dann 23, 24, 39: Märchenland | www.schlossfreudenberg.de*

FRAUENMUSEUM WIESBADEN [U C4]

Wechselnde Ausstellungen zur Geschichte und Kultur von Frauen in

MARCO POLO HIGHLIGHTS

★ **Nerobergbahn**
Mit der historischen Wasserbahn geht es hinauf auf den Wiesbadener Hausberg (Seite 34)

★ **Spielbank**
„Faites votre jeu" hieß es hier schon für Dostojewski – eine Institution seit 1771 (Seite 41)

★ **Kaiser-Friedrich-Therme**
Wellness im Jugendstilbad (Seite 39)

★ **Russische Kapelle**
Trauriges Ende einer deutsch-russischen Lovestory (Seite 35)

★ **Schwarzer Bock**
Das älteste Hotel Deutschlands (Seite 39)

der Gesellschaft. *Mi/Do 12–18, So 12–17 Uhr | 3–6 Euro | Wörthstr. 15 | Bus 14, 27, 45: Bismarckring, 6: Adelheidstraße, 1: Ringkirche | www. frauenmuseum-wiesbaden.de*

KOCHBRUNNEN **[U E1]**

15 zusammengefasste Quellen speisen das 66 Grad heiße Wasser, das hier täglich aus der Erde sprudelt. Die Quellen sind ergiebig: Pro Minute fließen 350 l Wasser. In der 1890 eingeweihten Brunnenhalle können Besucher einen Schluck des salzhaltigen Wassers probieren. *Kranzplatz | Bus 1, 8: Kochbrunnen*

MARKTKIRCHE **[U E2]**

Aus roten Ziegelsteinen im neogotischen Stil erbaut, wurde die markante evangelische Hauptkirche 1862 fertiggestellt. Auffällig ist die grazile Höhe des Bauwerks, 98 m streckt sich der Westturm in den Himmel. Bemerkenswert ist die reiche skulpturale Gestaltung des Chors. Regelmäßig finden Konzerte statt, und zur Marktzeit erklingt jeden Samstag um 11.30 Uhr Orgelmusik. *Schloss-/Marktplatz | Busse: Dern'sches Gelände*

MUSEUM WIESBADEN **[U F4]**

Mit etwa 80 Werken des Expressionisten Alexej von Jawlensky (1864 bis 1941) beherbergt das Haus die weltweit bedeutendste Sammlung des Künstlers. In der Naturwissenschaftlichen Sammlung sind Exponate zur Natur- und Kulturgeschichte Hessens ausgestellt, daneben lockt die Ausstellung Nassauische Altertümer. *Di 10–20, Mi–So 10–17 Uhr | 5 Euro | Friedrich-Ebert-Allee 2 | Busse: Rhein-Main-Hallen | www. museum-wiesbaden.de*

NEROBERGBAHN ★ **[120 B2]**

Etwa vier Minuten dauert die Fahrt auf Wiesbadens Hausberg: Europas einzige Drahtseil-Zahnstangen-Bahn, die mittels Wasserballast angetrieben wird, ist die Nerobergbahn. Sie wurde 1888 durch Kaiser Wilhelm II. in Betrieb genommen. 438 m liegen zwischen Tal- und Bergstation mit einem Höhenunterschied von 83 m. Ein über 100 m langer Viadukt erstreckt sich in fünf Gewölben über das Nerotal. Ein gewaltiger Wassertank an der Bergstation fasst 370 000 l; je nach Anzahl der zu befördernden Personen wird der Wagen an der Bergstation mit Wasser betankt. Während er nach unten fährt, zieht er den anderen Wagen nach oben. An der Talstation angelangt, wird das Wasser abgelassen und wieder auf den Neroberg gepumpt. Heute steht die Bahn unter Denkmalschutz, ist aber nach wie vor im Einsatz. *Ostern–April und Sept./Okt. Mi 12–19, Sa/So 10–19, Mai–Aug. tgl. 9.30–20 Uhr | Einzelfahrt 2,20 Euro, retour 3 Euro | Bus 1: Nerotal | www. nerobergbahn.de*

RINGKIRCHE **[U C4]**

Seit 2003 ist die – neben der Marktkirche – zweite große evangelische Kirche „Nationales Kulturdenkmal". 1877 hat man sie an frühgotischen Formen orientiert in hellem Sandstein errichtet. Ihre Lage ist sorgfältig gewählt an der Kreuzung zweier Alleen, nämlich dort, wo die Rheinstraße vom Ersten Ring abzweigt. Auch als anspruchsvoller Veranstaltungsort wird die Ringkirche geschätzt: Rund ums Jahr finden zahlreiche Ausstellungen, Konzerte, Vorträge und andere Darbietungen statt. *Kaiser-Friedrich-Ring/Rheinstr. | Bus 1: Ringkirche | www.ringkirche.de*

RUSSISCHE KAPELLE ★ [120 B2]
An prominenter Stelle hoch über der Stadt ließ Herzog Adolph für seine Gattin Elisabeth Michailovna diese Kapelle errichten: Die Tochter eines russischen Großfürsten war bei der Geburt ihres ersten Kindes mit nur 19 Jahren gestorben. Weithin sichtbar leuchten die fünf goldenen Kuppeln der Grabeskirche über dem Neroberg. Fast sechs Jahre (1849–1855) dauerte die Errichtung der Kapelle im russisch-byzantinischen Stil. Im Kircheninneren ist die reiche Marmorverkleidung auffällig. *Nov.–März Sa 12–16, So 10–16, April–Okt. tgl. 10–17 Uhr | 1 Euro | Neroberg | Bus 1: Nerotal, dann Nerobergbahn*

THERMINE [U E2]
Die kleine Stadtbahn mit zwei Wagen (gepolsterte Bänke und Luftfederung) für 50 Personen bietet Rundfahrten im historischen Zentrum zu den bedeutenden Sehenswürdigkeiten: Marktplatz, Museum, Wilhelmstraße, Theater, Kurhaus, Russische Kapelle, Neroberg, Kranzplatz. Die Rundfahrt dauert 60 Minuten und kann beliebig unterbrochen werden, da das Ticket einen Tag lang gültig ist. Thermine-Chef und -Chauffeur Andreas P. Wagner hat einen spannenden Wiesbaden-Kinder-Krimi geschrieben („Thermine und das verschwundene Bild", erhältlich in der Touristeninformation). *April–Okt. tgl., Nov. Sa/So 10.30, 11.40, 13.30, 14.40, 15.50 und 17 Uhr | 6 Euro | Abfahrt am Marktplatz beim Café Lumen | Busse: Dern'sches Gelände | www.thermine.de*

Am Neroberg leuchten die goldenen Kuppeln der Russischen Kapelle

ESSEN & TRINKEN

CAFÉ ALEX [U E2]
Bar, Restaurant, Café mit 300 Plätzen auf zwei Etagen und großer Terrasse. *Mo–Do 8–1, Fr/Sa 8–3, So 9 bis 1 Uhr | Langgasse 38 | Tel. 0611/ 34 12 74 | Bus 1, 8: Webergasse | €*

CAFÉ KLATSCH [U B4]
Das Café wird von einem linken Kollektiv in Selbstverwaltung betrieben

Insider Tipp und bietet am Wochenende ein beliebtes Frühstücksbuffet für 5,50 Euro. *Di–Fr 12–1, Sa/So 10–1, Mo 19 bis 1 Uhr | Marcobrunner Str. 9 | Tel. 0611/44 02 66 | Bus 1: Ringkirche, 4, 27: Dreiweidenstraße | www.cafeklatsch-wiesbaden.de*

CENTRO ITALIA **[U C4]**

Tischdecken aus Plastik, aber alles andere ist in diesem kleinen Restaurant echt: Pizza, Pasta, Antipasti. *Tgl. | Wörthstr. 18 | Tel. 0611/37 62 33 | Bus 14, 27, 45: Bismarckring, 6: Adelheidstraße, 1: Ringkirche* | €

Insider Tipp **DOMÄNE MECHTILDSHAUSEN** **[121 D4–5]**

Hoch gelobte und ausgezeichnete Ökogourmetküche in einem Hofgut. Aus eigenem ökologischem Anbau stammen Obst, Gemüse und Kräuter, aus eigener Zucht das Geflügel sowie Filets und Braten. Im Hofladen werden die Domänenerzeugnisse stilvoll vermarktet. Seit 2008 beansprucht das US-Hauptquartier 41 ha der Domäne, deren größter Teil dem Land Hessen gehört, für die US-Armee – obwohl diese von der Domäne als Ackerland bewirtschaftet werden, mit 530 Arbeits- und Ausbildungsplätzen auch für lernbehinderte Jugendliche und schwer vermittelbare Erwachsene. *So-Abend und Mo geschl. | An der Airbase (Erbenheim) | Tel. 0611/737 40 | Bus 28: Domäne Mechtildshausen | www.mechtildshausen.de* | €€

ENTE WIESBADEN **[U F2]**

Auf zwei Etagen bietet der neue Küchenchef roh marinierten Thunfisch in Tomatengelee und natürlich Enten: Brust und Keule. *So geschl. | Kaiser-Friedrich-Platz 3–4 | Tel. 0611/13 36 66 | Bus 1, 8, 16: Kurhaus | www.nassauer-hof.com* | €€€

GOLDGASSE **[U E2]**

Little Italy: In der Goldgasse in der Fußgängerzone finden Sie zahlreiche italienische Restaurants, bei denen

Die Terrasse des Cafés Lumen am Marktplatz ist der Treffpunkt schlechthin

Sie zudem auch in der kühleren Jahreszeit – gut gewärmt – im Freien essen können. *Bus 1, 8: Webergasse*

KÄFER'S [U F1]

Wiesbadens Ruf einer weltgewandten Kurstadt entspricht das im Pariser Brasseriestil ausgestattete Bistro mit Pianospieler in bester Kurhauslage. Das Publikum freut sich über edle, bodenständige Küche und den Biergarten im Sommer. Bis 2 Uhr nachts geöffnet! *Tgl. | Kurhausplatz 1 | Tel. 0611/53 62 00 | Bus 1, 8, 16: Kurhaus | www.kurhaus-gastronomie.de* | €€€

LUMEN [U E2]

Bereits im zeitigen Frühjahr trifft man sich zum Sonntagsbrunch auf der Außenterrasse am Marktplatz. Das moderne, mit viel Glas gestaltete Caférestaurant bietet aber auch drinnen eine luftige Atmosphäre. Mehrere Frühstücke und Kaffeespezialitäten, dazu leichte Bistroküche und eine große Auswahl an Cocktails. Wickeltische und eine Spielecke für die Kleinen erfreuen Familien. *Tgl. | Marktplatz | Tel. 0611/30 02 00 | Busse: Dern'sches Gelände | www.lumen-wiesbaden.de* | €

MALDANER CAFÉ [U E2]

Die gediegene Atmosphäre erinnert an ein Wiener Kaffeehaus. Das Publikum – Studenten, Rentner, Künstler, Hausfrauen auf Shoppingtour – schätzt die köstlichen Patisserien. Im Sommer kann man auch draußen sitzen, im Winter finden regelmäßig Konzerte, Lesungen u. Ä. statt. Preiswerter Mittagstisch. *Abends geschl. | Marktstr. 34 | Tel. 0611/30 52 14 | Busse: Dern'sches Gelände* | €

PALAST HOTEL [U E1]

Auf die Jahreszeit abgestimmte (Bistro-)Gerichte und köstliche Desserts, eine umfangreiche Weinkarte, Cocktails und coole Atmosphäre: Das ist das Rezept der neuen Lieblingsadresse junger, trendiger Wiesbadener. Anschließend lockt ein Kneipenbummel im Bermudadreieck, das nur wenige Schritte entfernt liegt. *Tgl. | Kranzplatz 5–6 | Tel. 0611/959 99 47 | Bus 1, 8, 16: Kurhaus* | €€

TASCA [U E1]

Jakobsmuscheln mit Kürbis, Kalbszunge und Süßholz: In einer stilvollen Tapalounge auf zwei Etagen lässt der hoch gelobte Starkoch Juan Amador Klassiker der katalanisch-baskisch-französischen Küche neu interpretieren. Zwei wechselnde Drei- bis Fünfgangmenüs bezeugen sein Credo: temperamentvoll und eigensinnig. *Mo/Di und mittags geschl. | Taunusstr. 23 | Tel. 0611/88 09 33 50 | Bus 1, 8: Kochbrunnen | www.tasca-amador.de* | €€€

EINKAUFEN

BURRESI [U F2]

Schuhe von Tod's, Jacken und Kostüme von Giorgio Armani und Jil Sander – ein schönes, nicht zu großes Angebot in zwei nebeneinanderliegenden Läden in Wiesbadens Prachtstraße. *Wilhelmstr. 28 und 34–36 | Bus 1, 8, 16: Friedrichstraße*

CONFISERIE KUNDER [U F3]

Ananas und Marzipan gehören in die original Wiesbadener Törtchen, die die alteingesessene Confiserie in Handarbeit herstellt. Sehenswert ist auch das Bauwerk, in dem das Café untergebracht ist: Es verkörpert die wilhelminische Epoche des Historismus. *Wilhelmstr. 12 | Bus 1, 8, 16: Friedrichstraße*

Insider Tipp

LINNENKOHL [U E3]

Unbedingt sehenswert ist bereits die antike Ladentheke des hiesigen Pendants zu Londons Fortnum & Mason: Hier werden seit 1852 Kaffee- und Teespezialitäten verkauft, dazu eine Auswahl an Sherry und Port. Englisches Porzellan (Wedgewood) und stilvolle Präsente ergänzen das Angebot. *Ellenbogengasse 15 | Busse: Dern'sches Gelände*

TRÜFFEL-HAUS [U E1]

Wiesbadens renommierte Feinkostadresse mit einem exquisiten Sortiment an Käse, Schinken, Wurst, Pralinen, Marmeladen und Frischeprodukten. Im angeschlossenen Cafébistro kann man aus der Tageskarte ordern oder sich an der Kuchentheke bedienen. *Webergasse 6–8 | Bus 1, 8: Webergasse | www.trueffel.net*

>LOW BUDGET

- Die von der Stadt subventionierte *Filmbühne Caligari (Marktplatz 9 | Programmansage Tel. 0611/31 50 50 | Busse: Friedrichstraße oder Dern'sches Gelände | www.wiesbaden.de/caligari)* hinter der Marktkirche ist nicht nur Wiesbadens schönstes, sondern auch billigstes (5 Euro) Kino.
- Von März bis Oktober findet jeden dritten Samstag im Monat vor dem *Biebricher Schloss (Bus 9, 14: Schloss Biebrich, 3, 4: Rheinufer)* ein *Flohmarkt* statt, auf dem Antiquitätenfans das ein oder andere Schnäppchen finden können.
- Im Juli findet in den Reisinger Anlagen beim Hauptbahnhof das *Open Air Film (Do–Sa, Filmbeginn 21.30 Uhr)* statt. Der Eintritt ist frei!

ÜBERNACHTEN

HOTEL DE FRANCE [U E1]

Hier stimmt alles: Das Hotel, untergebracht in einem der für Wiesbaden typischen Häuser im klassizistischen Stil, liegt zentral zu Geschäften und Restaurants, die Zimmer sind ansprechend gestaltet. Obendrein gibt es einen bezaubernden Innenhof zum Sonnen. Das Frühstücksbuffet ist inklusive. *37 Zi. | Taunusstr. 49 | Tel. 0611/95 97 30 | Fax 959 73 74 | Bus 1: Taunusstraße | www.hoteldefrance.de* | €€

JÄGERHOF [U E3]

Eine der wenigen günstigen Adresse in zentraler Lage, kürzlich renoviert. In der Umgebung liegen zahlreiche Restaurants und Kneipen. Reichhaltiges, im Preis inbegriffenes Frühstück. *14 Zi. | Bahnhofstr. 6 | Tel./Fax 0611/30 27 97 | Bus 16, 18: Luisenplatz, 4, 8, 12, 14: Rheinstraße | www.jaegerhof-wiesbaden.de* | €

KLEMM [U E1]

Gepflegtes, charmantes Haus im Jugendstil, moderne Zimmer, nahe Zentrum und Kurhaus. *63 Zi. | Kapellenstr. 9 | Tel. 0611/58 20 | Fax 58 22 22 | Bus 1, 8: Kranzplatz | www.hotel-klemm.de* | €€

LANDHAUS DIEDERT [120 A–B 2–3]

Ideal für ein stilvolles Wochenende im Grünen: Das von einem Platanengarten umgebene Landhaus mit südfranzösisch inspiriertem Dekor bietet behagliche, individuell gestaltete Zimmer. Wiesbaden und der Rheingau liegen nur wenige Autominuten entfernt. Angesichts des Gebotenen sehr günstig. *16 Zi. | Am Kloster Klarenthal 9 | Tel. 0611/184 66 00 | Fax 18 46 60 30 | Bus 14, 17, 33: Kloster Klarenthal | www.landhaus-diedert.de* | €€

NASSAUER HOF **[U F2]**
Die Wiesbadener Adresse, ein Grandhotel alten Stils, hervorragend geschultes Personal, gediegener Luxus, Schwimmbad mit eigener Thermalquelle. Mit der *Ente* eines der besten Restaurants nebenan, dazu die stilvoll-moderne *Orangerie.* Im Sommer die Brunchlocation schlechthin. *186 Zi. | Kaiser-Friedrich-Platz 3–4 | Tel. 0611/13 30 | Fax 13 36 32 | Bus 1, 8, 16: Kurhaus | www.nassauer-hof.de* | €€€

RING HOTEL **[U C3]**
Renoviertes und neu eingerichtetes, 100 Jahre altes Haus im lebhaften Multikulti-Westend. *30 Zi. | Bleichstr. 29 | Tel./Fax 0611/949 02 77 | Busse: Platz der Deutschen Einheit | www.ring-hotel.de* | €

SCHWARZER BOCK ★ **[U E1]**
Das traditionsreiche und elegante Haus, das heute zur Radisson-SAS-Kette gehört, ist Deutschlands ältestes Hotel. Im Gründungsjahr 1486 hatte Wiesbaden 36 Ew. Besonders schön das Badhaus mit Thermalbecken, Sauna, Solarium und der Möglichkeit, exzellente Kuranwendungen zu genießen. Die *Bar 1486* gehört zu den elegantesten Wiesbadens. Romantischer Atriumgarten. *142 Zi. | Kranzplatz 12 | Tel. 0611/15 50 | Fax 15 51 11 | Bus 1, 8: Webergasse | www.radissonsas.com* | €€€

Ein Badetempel: Kaiser-Friedrich-Therme

FREIZEIT & SPORT

KAISER-FRIEDRICH-THERME ★ **[U E2]**
Mosaiken, Malereien, Reliefs und Ornamente schmücken das denkmalgeschützte irisch-römische Bad. Saunagäste beginnen im Tepidarium (40–45 Grad), nach dem um 10 Grad wärmeren Sudatorium folgt die Abkühlung im historischen, von Bögen umgebenen Kaltwasserbecken. Das

Thermalsitzbecken wird von der 66 Grad heißen Adlerquelle gespeist. *So–Do 10–22, Fr/Sa 10–24 Uhr, Di Damentag | 3,50, Winter 5 Euro/Std. | Langgasse 38–40 | Bus 1, 8: Webergasse | www.wiesbaden.de/baeder*

Insider Tipp **OPELBAD** [120 B2]
Das 1933 im Bauhausstil gebaute Freibad auf dem Neroberg bietet einen grandiosen Blick – besonders schön im *Caférestaurant Wagner im Opelbad. Mai–Sept. tgl. 7–20 (Restaurant 11–23) Uhr | 7 Euro | Auf dem Neroberg 2 | Bus 1: Nerotal, dann Nerobergbahn | www.wiesbaden.de/baeder*

AM ABEND

JAMES JOYCE [U F1]
James Joyce war 1930 zur Behandlung seines Augenleidens in einer Klinik in Wiesbaden. Nahebei bietet dieser Irish Pub Livemusik und Kaminzimmer sowie eine Sonnenterrasse mit Theater- und Kasinoblick. *Mo–Fr ab 17, Sa/So ab 11 Uhr | Sonnenberger Str. 14 | Bus 1, 8, 16: Kurhaus | www.irishpub-wiesbaden.de*

ZUM SCHWEINEFUSS [U C5] Insider Tipp
Köstliche Suppen aus großen Terrinen, französische Bistrogerichte und eine lange Getränkekarte erfreuen die Gäste der Kellerkneipe. *Tgl. ab 18 Uhr | Kaiser-Friedrich-Ring 42 | Bus 1: Schiersteiner Straße | www.zum-schweinefuss.de*

SCHLACHTHOF [120 B–C 3–4] Insider Tipp
Rock, Livemusik, Events, Konzerte, internationale Bands. Am ersten Samstag im Monat Flohmarkt; preis-

Nicht überall können Sie Ihr Geld so stilvoll loswerden wie in der Spielbank

wertes Frühstücksbuffet. *Gartenfeldstr. 57 | Busse: Hauptbahnhof | www.schlachthof-wiesbaden.de*

SHERRY & PORT [U E5]

Neben dem üblichen Angebot an Weinen und Bieren stehen fünf Dutzend Sherrysorten und 30 Malt Whiskys zur Auswahl, dazu Tapas und täglich wechselnde kleine Gerichte. Das nicht mehr ganz junge Stammpublikum schätzt die Folk- und Jazzabende mit Livemusik. *Tgl. 12–24 Uhr | Adolfsallee 11 | Busse: Geschwister-Stock-Platz | www.sherry-und-port.de*

SPIELBANK ★ [U F2]

Unter großen Kronleuchtern und stuckverzierten Decken wird Roulette, Black Jack, Poker und an Automaten gespielt. Personalausweis (Mindestalter 18 Jahre), Kleiderordnung. *Tgl. außer Karfreitag, 1. Mai, Fronleichnam, Volkstrauertag, Totensonntag, 24. und 25. Dez. 13–4 Uhr | Kurhausplatz 1 | Bus 1, 8, 16: Kurhaus | www.spielbank-wiesbaden.de*

THALHAUS ▸▸ [120 B2]

Kabarett, Theater, Kleinkunst, Jazz, Lesungen etc. – ein Treffpunkt der Wiesbadener Kulturszene. Mit Bistro und Bar *Café Löwenherz. Mi–So 18.30–24 Uhr | Nerotal 18 | Bus 1: Nerobergstraße | www.thalhaus.de*

AUSKUNFT

WIESBADEN TOURIST INFORMATION [U E3]

Marktstr. 6 | Tel. 0611/172 99 30 | Fax 172 97 98 | Busse: Dern'sches Gelände | www.wiesbaden.de

ZIELE IN DER UMGEBUNG

FRAUENSTEIN [119 E4]

Umgeben von Obstplantagen und Weinbergen liegt wenige Kilometer westlich der Stadtteil Frauenstein (2500 Ew.). Im April und Mai schmücken Tausende weiß blühende Kirschbäume die Hänge. Historische Gutshöfe wie der *Falkersche Hof (Georgstr.)* und der *Schönbornsche Hof (Kirschblütenstr.)* belegen die jahrhundertealte Bedeutung des Weinbaus für die Ortschaft.

Zahlreiche Weinstuben laden zur Einkehr, darunter das *Weinhaus Klepper* (*Mi und außer So mittags geschl. | Georgstr. 12–16 | Tel. 0611/42 15 70 | Bus 24: Burg | www.weinhaus-klepper.de | €*), ein Gutsausschank mit eigener Schlachtung im Herbst/Winter und gemütlicher Winzerstubb. In einem schlichten Backsteinhaus an der Hauptstraße verbirgt sich das *Restaurant Maloiseau's (Mo/Di und außer Sa/So mittags geschl. | Kirschblütenstr. 35 | Tel. 0611/716 88 44 | Bus 24: Alfred-Delp-Straße | www.maloiseau-restaurant.de | €€€)* mit französisch-mediterraner Haute Cuisine.

Insider Tipp

SCHIERSTEIN [120 A4]

Großer Beliebtheit erfreut sich das alljährlich im Sommer gefeierte Hafenfest, bei dem sich die Stände am Fluss entlangziehen. Ganzjährig beherbergt der Ort eine Storchenkolonie. Die Weißstörche brüten auf künstlich geschaffenen Nestern und Hochspannungsmasten des Wasserschutzgebiets. Ein Rad- und Spazierweg am Hochwasserschutzdamm zwischen Schierstein und Walluf bietet gute Möglichkeiten, die Tiere zu beobachten. *Bus 9, 23: Hafen*

Insider Tipp

> ROMANTIK, FACHWERK, RHEINPROMENADEN

Berühmte Weinlagen ziehen sich über die zauberhaften Hügel rund um Eltville und Oestrich-Winkel

> Wein(bau) prägt den Alltag im östlichen, vorderen Rheingau. Jedes Dorf kennt eigene, renommierte Weinbergslagen, die in traditionsreichen Weingütern verarbeitet und teilweise auch ausgeschenkt werden.

In Walluf und Eltville lässt es sich wunderbar am Strom flanieren, denn hier verläuft die Bundesstraße nicht unmittelbar am Rhein. So konnten sich gepflegte Promenaden am Rheinufer ausbilden.

Bild: Schloss Vollrads

ELTVILLE

[119 D5] **Verwinkelte Kopfsteinpflastergassen, farbenfrohe Fachwerkhäuser mit üppigem Blumenschmuck, repräsentative Adelshöfe und prunkvolle Patrizierhäuser: Eltville (17 500 Ew.) bezaubert als intakte Kleinstadt.** Schon Thomas Mann schätzte den Ort, verlieh der Romanfigur Felix Krull die Identität eines Eltviller Sektfabrikantensohns. Das Städtchen kann sich mit vier Attribu-

ÖSTLICHER RHEINGAU

ten schmücken: Wein-, Sekt-, Rosen- und Fachwerkstadt. Tatsächlich blühen mehr als 20 000 Rosenstöcke in 350 Sorten in Eltville, die meisten Anfang Juni im Bereich der Kurfürstlichen Burg. Während der jährlichen Eltviller Rosentage am ersten Wochenende im Juni dreht sich alles um die Blumen.

Apropos Sekt: Küfer Matheus Müller gründete 1811 eine Weinhandlung und ließ ab 1837 Weine zu spritzigen Cuvées reifen, der Anfang einer einzigartigen Erfolgsstory. Beim Sektfest im Juli dreht sich alles um das Luxusgetränk, schenken die Rheingauer Sektproduzenten am Ufer des Rheins aus. Und was würde als Abschluss des dreitägigen Fests besser passen als ein großartiges Feuerwerk? Nach Einbruch der Dunkelheit versammeln sich Zigtausende von Besuchern am Wasser, um zu sehen, wie von der im Rhein liegenden

Au die Lichterkaskaden in den Himmel schießen.

Funde belegen, dass an der Stelle des heutigen Orts bereits im 5. Jh. eine fränkische Siedlung bestand. Die erste schriftliche Erwähnung als Altavilla (lateinisch für „hoher Hof") stammt von 1051. Im Mittelalter war Eltville von überragender Bedeutung. Der Aufstieg der Stadt wurde geprägt durch die kurfürstliche Burg, die fast 150 Jahre lang Sitz der Mainzer Kurfürsten war. 1332 erhielt Eltville das Stadtrecht zuerkannt und ist damit die älteste Stadt im Rheingau.

Efeuumranktes Rheingauidyll: ein Winzerhof in der Altstadt von Eltville

SEHENSWERTES

BURG CRASS

Die kleine, im romanisch-gotischen Stil ab 1496 als Wohnsitz erbaute Burg blickt auf den Rhein. Das älteste Bauwerk Eltvilles liegt außerhalb der Stadtmauern. Sowohl das Burghaus als auch der Turm und Anbau wurden spätgotisch umgebaut und ab 1840 neugotisch modifiziert. Heute beherbergt das Bauwerk ein edles Restaurant und ein kleines Hotel. *Freygässchen 1*

ELTZER HOF

Die eindrucksvolle Gebäudegruppe geht in Teilen (Westflügel) zurück auf die Mitte des 16. Jhs.; das zum Rhein hin ausgerichtete Kavaliershaus des Ostflügels erhielt sein heutiges Aussehen 1738. An den Eltzer Hof schließen sich die Höfe des einstigen Mainzer Viktorstifts und des Mainzer Petersstifts an. *Zwischen Rosen- und Martinsgasse*

FACHWERK

Vom Marktplatz aus, wo ab dem zeitigen Frühling Restaurants ihre Tische eingedeckt haben, führen die kopfsteingepflasterte Martinsgasse und die Rosengasse zur Rheinpromenade, vorbei an eindrucksvollen Höfen und Fachwerkhäusern. Wendet man sich in der Rosengasse bei der Pfarrkirche nach links, dann liegen in der Ellenbogengasse und der Burghofstraße weitere höchst reizvolle Ensembles von Fachwerkhäusern.

KURFÜRSTLICHE BURG

Auf alten Stichen ist sie in ganzer Schönheit zu sehen: Umgeben von einer zum Rhein hin abschließenden Stadtmauer, erhebt sich der viergeschossige Turm der Burg, an seinen Seiten mit Türmchen geschmückt. Im zweiten Stock, im sogenannten Grafensaal, befindet sich eine *Gutenberg-Gedenkstätte.* Hier wurde Johannes von Gensfleisch Gutenberg 1465 zum Hofedelmann ernannt. Der 1404 in Mainz geborene Gutenberg ging in Eltville zur Schule und besuchte später immer wieder seinen hier lebenden Bruder Friele Gensfleisch von Gutenberg. Im kleinen *Museum* sind Exponate zur frühen Buchdruckkunst ausgestellt. *Außenanlagen April–Okt. tgl. 9.30–19, Nov.–März 10.30–17 Uhr, Burgturm April–Okt. Sa/So 11–18, Fr 14–18 Uhr, Historische Sammlung So 15 bis 17 Uhr | 1,50 Euro*

PFARRKIRCHE ST. PETER UND PAUL

Das zwischen 1350 und 1440 erbaute Gotteshaus im zweischiffigen Hallenstil verkörpert eindrucksvoll ästhetisch die schlichte spätgotische Bauweise. Ein architektonischer Stilbruch ist hingegen die barocke Haube des Kirchturms, die Ende des 17. Jhs. anstelle der durch ein Feuer zerstörten früheren aufgesetzt wurde. Wand- und Gewölbemalereien im Inneren stammen aus dem frühen 15. und 16. Jh., während ein kostbares

MARCO POLO HIGHLIGHTS

★ **Rheinpromenade**
Flanieren unter Platanen in Eltville (Seite 46)

★ **Schloss Vollrads**
Ein Wasserschloss thront in den Weinbergen von Oestrich-Winkel (Seite 61)

★ **Marktplatz**
Prächtiges Fachwerkensemble in Hattenheim (Seite 51)

★ **Pfarrkirche St. Valentinus**
Die älteste spielbare Orgel des Landes in Kiedrich (Seite 54)

★ **Kloster Eberbach**
Ein kunsthistorisches Juwel ist das ehemalige Zisterzienserkloster bei Kiedrich (Seite 57)

★ **Brentano-Haus**
Treffpunkt bedeutender Dichter und Denker in Oestrich-Winkel am Rhein (Seite 59)

★ **Schloss Reinhartshausen**
Das Prachthotel am Rhein in Erbach bietet Ausflüge zur eigenen Flussinsel, der Mariannenaue, mit ihrem kleinen Auwald (Seite 49)

achtseitiges Taufbecken um 1517 in der Mainzer Werkstatt von Hans Backoffen hergestellt wurde. Es zeigt bereits den zunehmenden Einfluss der Renaissance.

RHEINPROMENADE ★
Von besonderer Schönheit ist die Rheinfront in Eltville: von Platanen beschattete Kieswege und Bänke, Adelshöfe und Überreste der alten Stadtmauer. Vom Marktplatz führen die kopfsteingepflasterte Martinsgasse und die Rosengasse zur Promenade, vorbei an eindrucksvollen Höfen und Fachwerkhäusern.

STADTMAUER
Im Mittelalter war Eltville Residenz der Mainzer Kurfürsten und von einer mehrere Kilometer langen Stadtmauer umgeben; sie enthielt Wohntürme, Tore und Wachtürme. Die Mauer erstreckte sich von der Kurfürstlichen Burg zum Sebastiansturm am Rheinufer (heute noch erhalten), über das Betriebsgelände der Sektkellerei Matheus Müller zum Kiliansring und weiter über die Gutenbergstraße zur Burg. Überbleibsel der aus kleineren Bruchsteinen gebildeten Mauer sind am Kiliansring zu sehen.

STOCKHEIMER HOF
Der aus dem 14. Jh. stammende gotische Bau gehört zum Ensemble des im Rheingau als Langwerther Hof bekannten Gebäudekomplexes. Er ist seit Mitte des 15. Jhs. in Familienbesitz und somit eines der ältesten Weingüter im Rheingau. *Mo–Fr 8 bis 16 Uhr und n. V. | Tel. 06123/921 10 | Kirchgasse*

WEINGUT KOEGLER
Nur 15 Jahre nach dem Erscheinen der Gutenberg-Bibel wurde im Hof Bechtermünz (heute Sitz des Weinguts Koegler) das „Vocabularius ex quo" hergestellt, das erste gedruckte Wörterbuch für Deutsch–Lateinisch. Herausgeber waren die Brüder Heinrich und Nicolaus Bechtermünz, Söhne einer begüterten Mainzer Familie. Ihr Werk (das eventuell mit Gutenbergs Hilfe verfasst wurde) avancierte zum Bestseller des Mittelalters, da es Hilfe bei der Lektüre und dem Studium der lateinischen Bibel bot und deutlich preiswerter war als handgeschriebene Wörterbücher. *Kirchgasse 5 | www.weingut-koegler.de*

ESSEN & TRINKEN

BURGSTUBEN
Die historische Burg leuchtet weithin sichtbar in einem dunklen Pastellrot. Das Bauwerk wurde aufwendig restauriert und ergänzt um einen zeitgenössischen Wintergarten, in dem heute die Vinothek untergebracht ist. Im *Restaurant Vaux* und in der *Vinothek 510,8* wird in edel gestyltem Rahmen leichte Küche serviert. Auf einen Kaffee oder Wein trifft man sich auf der von Platanen beschatteten Terrasse, nur ein paar Schritte vom Rhein entfernt. *Mo–Mi und außer Sa/So mittags geschl. | Freygässchen 1 | Tel. 06123/97 51 10 | www.burgcrass-eltville.de* | €€€

GELBES HAUS
Das leuchtende Gelbe Haus war das erste Projekt der Eltviller Altstadtsanierung, bereits Mitte der Siebzigerjahre wurde der aus dem 17. Jh.

An der Rheinpromenade haben Sie den markanten Turm der Kurfürstlichen Burg im Blick

stammende Gutsausschank, Bestandteil des historischen Ensembles Langwerther Hof, restauriert. Regionale, bodenständige Gerichte der Saison, Salate und die Weine des Hausherrn erfreuen die Gäste. *Mo und außer So mittags geschl. | Burgstr. 3 | Tel. 06123/51 70* | €€

KLEINES ELTVILLER BRAUHAUS

Im Gewölbekeller oder im Sommer im romantischen gekiesten Garten serviert man verschiedene naturbelassene und selbst gebraute Biere wie gute Weine, dazu gibt es beliebte Landhausküche. *April–Aug. außer So mittags geschl., Sept.–März mittags und So geschl. | Schwalbacher Str. 41–43 | Tel. 06123/27 06 | www.eltviller-brauhaus.de* | €€

sider ipp

OSTERIA PICCOLO MONDO

Hausgemachte Pastaspezialitäten, Edelfisch und Austern, Risotto und Kalbsgerichte stehen auf der Speisekarte. Außerdem haben Sie die Auswahl unter einer Hand voll Spezialitäten des Tages, notiert auf einer Schiefertafel. Köstlich und oft voll, deshalb vor allem Fr/Sa reservieren. *Di geschl. | Schmittstr. 1 | Tel. 06123/21 24* | €€

WALDGASTSTÄTTE RAUSCH

Forsthausatmosphäre im Biergarten: Das beliebte Ausflugslokal im Wald hält bayerische Tradition hoch: Brotzeit mit Breze, Leberkäs, Schweinshaxen und Knödelspezialitäten; dazu Rheingauer Weine, bayerische Fassbiere und österreichische Bauernschnäpse. *Mo–Fr 15–1, Sa/So 11–1 Uhr, Okt.–März Mo/Di geschl. | Wiesweg 93 | Tel. 06123/44 78 | www.rausch-eltville.de* | €

EINKAUFEN

GOLDSCHMIEDE

Goldschmiedemeisterin Claudia Hedderich fertigt zauberhaften Unikatschmuck, auch Umarbeitungen werden mit Sachkenntnis und künstlerischem Einfühlungsvermögen getätigt. *Gutenbergstr. 10*

VINOTHEK

Über 80 Weine, Sekte und Brände von etwa 20 Weingütern der Region sind im Angebot. Unentschlossene können probieren. *Mo–Do 16–19, Fr bis So 12–19 Uhr | Rheingauer Str. 38 | www.eltviller-vinothek.de*

ÜBERNACHTEN

HOF-HOTEL BECHTERMÜNZ

Schiefer, Glas und Holz, Wände aus Bruchstein und modernes Interieur passen gut zusammen – in der historischen Scheune des Hofs Bechtermünz wurde ein kleines, feines Designhotel geschaffen, das bereits zahlreiche Liebhaber gefunden hat. Dazu: Internetanschluss in den Zimmern, moderne Flachbildfernseher und puristisch gestaltete Bäder. *10 Zi. | Kirchgasse 5 | Tel. 06123/24 37 | Fax 811 18 | www.weingut-koegler.de | €€*

BURG CRASS

Edles Ambiente hinter historischen Mauern. Dazu gibt es gratis den Blick auf Rhein und Eltviller Au. *7 Zi. | Freygässchen 1 | Zufahrt über Walluferstr. | Tel. 06123/97 51 10 | Fax 975 11 29 | www.burgcrass-eltville.de | €€€*

FRANKENBACH

Gegenüber dem Bahnhof liegt dieses stattliche Bauwerk im Stil des späten Biedermeiers. Behagliche Zimmer mit Kirschbaummobiliar. Ebenfalls im Haus befinden sich ein Caféhaus im Wiener Stil sowie eine Weinstube mit Kachelofen. *23 Zi. | Wilhelmstr. 13 | Tel. 06123/90 40 | Fax 636 02 | www.hotel-frankenbach.de | €€*

GLOCKENHOF

Inmitten der Eltviller Altstadt gelegenes historisches Haus mit gästeorientiertem Service: Haustiere auf Anfrage, Kaffee- und Teezubereitung im Zimmer, kostenlose Leihräder, und das Frühstücksbuffet bleibt bis 10.30 Uhr aufgebaut. *6 Zi. | Marktstr. 3 | Tel. 06123/611 41 | Fax 638 10 | www.hotelglockenhof.de | €€*

FREIZEIT & SPORT

SCHIFFSFAHRTEN

Sonntägliche Fahrten (13.30 und 15.30 Uhr) rund um die Mariannenaue bei Erbach veranstaltet von Ostern bis September *Charterliner van de Lücht (Tel. 06723/44 37 | 8 Euro | www.charterliner.de).* Fahrten nach Rüdesheim und zurück bietet die *Primus-Linie (Mai–Okt. Mo, Do, Sa 12.20 Uhr | Anlegestelle nahe Burg Crass | 16 Euro | www.primus-linie.de).* Die *Köln-Düsseldorfer (Tel. 06722/38 08 | www.k-d.com)* fährt von Eltville mit Stopp in vielen Häfen bis Koblenz.

AM ABEND

WEINPROBIERSTAND

Weine aus Eltviller Lagen, günstig und ideal zum Kennenlernen. Reizvoll ist die Lage am Rheinufer. *April–Sept. Mo–Fr 18–22, Sa/So 10 bis 22 Uhr | Rheinpromenade*

AUSKUNFT

TOURIST INFORMATION

Das Büro bietet sehr viele thematisch ausgerichtete Führungen, auch für Kinder und Jugendliche. *Rheingauer*

Str. 28 | Tel. 06123/909 80 | Fax 90 98 90 | www.eltville.de

ZIELE IN DER UMGEBUNG

ERBACH **[119 D5]**

Unmittelbar westlich von Eltville liegt am Rhein das eingemeindete Dorf Erbach (3700 Ew.). Folgt man der alten Bundesstraße, so gelangt man, vorbei an prächtigen Weingütern und dem schlanken Bauwerk der evangelischen Kirche, zum historischen Marktplatz. Zu den ältesten Häusern der Fachwerkgruppe gehört das schmale Bauwerk in der Eberbacher Str. 2 aus dem 15. Jh.

Insider Tipp: Die *Genossenschaft der Winzer von Erbach (Ringstr. 28 | www.winzer-von-erbach.de)*, ein Zusammenschluss von 30 kleineren Winzern, wird von Weinführern wegen ihres guten Preis-Leistungs-Verhältnisses gelobt. Probieren können Sie die Weine auch im *Gasthaus zum Engel (tgl. | Am Markt 2 | Tel. 06123/624 28 | €€)*.

Im ★ *Schloss Reinhartshausen Kempinski (63 Zi. | Hauptstr. 41 | Tel. 06123/67 60 | Fax 67 64 00 | www.schloss-hotel.de | €€€)* empfangen kunstvoll arrangierte Blumengestecke, vertäfelte Nischen und dichte Teppiche die Besucher. Reinhartshausen war einst im Besitz von Marianne von Preußen, der Tochter des niederländischen Königs Wilhelm I. Vom historischen Schlosssaal blickt man über den Park zur mitten im Rhein liegenden Mariannenaue, einer zum Hotel gehörenden Rheininsel mit 24 ha urwüchsiger Parklandschaft und Auenwäldchen. Im Hotel können Sie Überfahrt, naturkundliche Führung und Verkos-

Das Hotel Schloss Reinhartshausen besitzt als Clou sogar eine eigene Rheininsel

tung eines Inselweins buchen *(Mai bis Sept. tgl. 14 und 14.30 Uhr | ca. 90 Min. | Tel. 06123/67 62 65 | 15 Euro)*. In der Schloss-Schänke *(außer Sa/So mittags geschl. | Tel. 06123/79 33 80 | www.michael-balzer.com | €€)* bietet Michael Balzer in historischem Rahmen eine thematisch orientierte Küche, z. B. alpenländische Wochen. Die Terrasse ist von Mai bis September schon ab 12 Uhr geöffnet.

Insider Tipp

Eine Erbacher Institution ist auch der *Gutsausschank Maximilianshof (Di–Fr 14.30–24, Sa/So 11–24 Uhr | Rheinallee 2 | Tel. 06123/922 40 | www.maximilianshof.de | €€)*, bei den Einheimischen bekannt als „Alter Oetinger", mit parkähnlichem Garten und historisch-behaglichen Räumen. Reservieren sollte, wer im gemütlichen Erker sitzen möchte. In der hübschen *Wein-Dekanei (Erbacher Str. 31 | www.wein-dekanei.de)* findet man neben ausgesuchten Weinen des Region auch ausgefallene Tischdekorationen und Delikatessen.

Insider Tipp

MARTINSTHAL [119 D4]

Eine schmale Durchgangsstraße führt durch die historische Ortsmitte, Baudenkmäler an steilen Hanglagen prägen das Bild. Das knapp 5 km nördlich gelegene Martinsthal (1500 Ew.) wurde bereits 1363 durch den Erzbischof von Mainz gegründet. Einen Besuch lohnt das VDP-Weingut und -Ausschank *Diefenhardt (Di–Sa ab 17, So ab 15 Uhr | Hauptstr. 9–11 | Tel. 06123/97 23 13 | www.diefenhardt.de | €)*. Hier kann man in angenehmer Atmosphäre Wein probieren und kaufen. Übrigens: Nach der berühmtesten Weinlage der Gemeinde wurde der Martinsthaler Wildsauplatz benannt.

RAUENTHAL [119 D4]

Eine kurvige Straße schraubt sich am Ortsausgang von Martinsthal den Berg hinauf in den Weinort (1800 Ew.) in der „zweiten Reihe". Schon seit vielen Jahren existiert das *Kultur- und Tagungshaus Rauenthal (Hauptstr. 6 | Tel. 06123/744 12 | Fax 755 87 | www.kuta-rauenthal.de)*, das (Mehrbett-)Zimmer vermietet, Freizeiten und Bildungsurlaube organisiert und ein anspruchsvolles Kulturprogramm auf die Beine stellt. Höhepunkt sind die im Sommer stattfindenden Kinder- und Jugendtage. Einen großartigen Blick über das Rheintal garantiert der Ausflug zur *Bubenhäuser Höhe* südlich von Rauenthal.

WALLUF [119 E4–5]

„Die Pforte des Rheingaus" ist dessen älteste Weinbaugemeinde und blickt auf eine über 1200-jährige Weinbautradition zurück. So taucht bereits im Jahr 770 in den Chroniken die Bezeichnung „Waltaffa" auf. Dieser Name ist germanischen Ursprungs und bedeutet Waldwasser – er bezieht sich auf den im Taunus entspringenden Wallufbach. Entlang seinen Ufern befanden sich einst Dutzende von prächtigen Mühlen, allein im Ortsbereich von Walluf wurden zehn gezählt, 16 weitere säumten das Ufer von Martinsthal bis zur Quelle des Bachs in Wambach. Die meisten verfielen im Lauf der Zeit. Nach wie vor begehbar ist hingegen der historische Weg am Bach, der die beiden Ortsteile (zusammen 6300

Ew.) Ober- und Niederwalluf miteinander verbindet. Das sich östlich des Bachs am Rhein erstreckende Niederwalluf ist der ältere der beiden Ortsteile. Erst nach der Errichtung des Rheingauer Gebücks, der unüberwindbaren Dornenhecke, wurde das Gebiet westlich des Wallufbachs besiedelt.

In einem winzigen Fachwerkhaus untergebracht ist das Restaurant *Zum Treppchen (Di und mittags geschl. | Kirchgasse 14 | Tel. 06123/717 68 | €€)* mit köstlichen Speisen, auch für den kleinen Appetit, und guten Weinen. Gemütlich ist es im *Kaffee Kränzchen (Mo/Di geschl. | Alte Hauptstr. 26 | Tel. 0177/676 98 69 | €)* unter Antiquitäten und mit selbst gebackenen Kuchen.

Insider Tipp

HATTENHEIM

[118 C5] Der Aufstieg des Weindorfs (2200 Ew.) begann mit dem Bau des Klosters Eberbach, da Mönche über 700 Jahre hinweg Hattenheimer Weinbergslagen bewirtschafteten. Adelsfamilien ließen sich hier nieder und erwarben Weingüter, etwa zehn liegen heute in Hattenheim. Hattenheim gilt als die Gourmetkapitale des Rheingaus, wo sich nur 100 m voneinander drei bekannte Spitzenköche niedergelassen haben: Franz Keller mit seiner Adlerwirtschaft, Josef Laufer vom Hotel Krug und Patrik Kimpel im Hotel Kronenschlösschen.

SEHENSWERTES

BURG

Die von einer hohen Mauer umgebene Burg, Schauplatz des allsommerlichen Burgfests, wurde erstmals zu Beginn des 12. Jhs. erwähnt. Sie diente als Talburg, also als befestigte Wohnanlage zur Sicherung des aus Kirche, Straße und Burg bestehenden Zentrums. *Hauptstr.*

Hattenheim: Weinprobe im Weinberg

MARKTPLATZ ★

Weinranken und -reben, Blattornamente in vielfacher Ausprägung: Die Gefachbemalungen der Fachwerkhäuser am Marktplatz sind einzigartig im Rheingau, da diese künstlerische Ausdrucksform in der Region keine Tradition hat. Zum Ensemble der Häuser in der Hauptstraße und im Burggraben gehört auch das älteste

Fachwerkhaus des Stadtteils. Der Giebelbau in der Hauptstr. 36 ist fast 500 Jahre alt.

PFARRKIRCHE ST. VINCENT

Das dem hl. Vincent geweihte Gotteshaus entstand 1739 als Saalkirche. An der Südseite befindet sich eine aus der Werkstatt von Hans Backoffen stammende Kreuzigungsgruppe, die auf 1510 datiert wird. *Hauptstr.*

ESSEN & TRINKEN

ADLERWIRTSCHAFT

Ob Spanferkelsülze oder Frischlingsragout, vom Einfachsten das Beste heißt hier die Devise. Hinter der Fachwerkfassade eines kleinen Hauses verbirgt sich eine Rheingauer Gourmetadresse der ökologischen Art. Franz Keller, ehemaliger Star- und Sternekoch, verwirklichte das Idealbild einer Wirtschaft zum Wohlfühlen, hell und kommunikativ. *Di bis Do geschl.* | *Hauptstr. 31* | *Tel. 06723/79 82* | *www.franzkeller.de* | €€€

BRÜCKENSCHÄNKE

Näher am Rhein sitzt man nirgends: Auf einer Terrasse oberhalb des Flusses treffen sich Radfahrer und die Camper des nahen Platzes auf einen Drink, zudem gibt es bodenständige Küche. *Mi und Nov.–Feb. geschl.* | *Auweg 2–4* | *Tel. 06723/282 71* | €

WEINPUNKT

Zeitgenössisches Ambiente im alten Dorfkern, die edle Variante der Straußwirtschaft: Zwei Hattenheimer Winzer lassen hier ihre edlen Tropfen ausschenken, dazu gibt es Serranoschinken und andere Kleinigkeiten. *Hauptstr. 25* | *Tel. 06723/91 39 60* | *www.weinpunkt-vinothek.de* | €

EINKAUFEN

ANTIQUITÄTEN RUPPERT

Insider Tipp

Antike Möbel und zahlreiche Kunstgegenstände, häufig aus der Biedermeierepoche, füllen heute die erste Etage der alten Dorfschule, erbaut um 1700, die die anderen Gebäude überragt. *Hauptstr. 23, 40 und 42* | *www.kunsthandel-ruppert.de*

ÜBERNACHTEN

KRONENSCHLÖSSCHEN

Wertvolle Tapisserien und Fresken, antike Grafiken und würdevolle Ölgemälde, dazu herrliche Zimmer, von denen die Turmsuite das berühmteste ist. Hier entwarfen Konrad Adenauer, Theodor Heuss und Carlo Schmid nach dem Zweiten Weltkrieg das deutsche Grundgesetz – und damals wie heute beschattet ein mächtiger Ahorn den Balkon. Im alten Park verströmen Kies und Korbmöbel britischen Landhauschic. Der vielfach ausgezeichnete Patrik Kimpel komponiert in der Küche. *18 Zi.* | *Rheinallee* | *Tel. 06723/640* | *Fax 76 63* | *www.kronenschloesschen.de* | €€€

Insider Tipp

ZUM KRUG

Unterhalb des alten Rathauses prägt die mit Malereien versehene Fachwerkfassade des Hotels und Weinhauses die Altstadt. Das 1720 erbaute Bauernhaus verströmt im Inneren eine betont ländliche Atmosphäre mit bleiverglasten Fenstern, Holzvertäfelungen und einem Kachelofen in der (Gourmet-)Gaststube. Die (Nichtraucher-)Zimmer bieten modernen Komfort und stilvolle Behaglichkeit.

8 Zi. | Hauptstr. 34 | Tel. 06723/ 996 80 | Fax 99 68 25 | www.hotel-zum-krug.de | €€

KIEDRICH

[118–119 C–D4] Im Schatten des übermächtigen Weinklosters Eberbach wuchs im Dorf Kiedrich seit dem Mittelalter die Rebenkultur, wurde Weinbau bald zur Grundlage für das Wohlergehen seiner Einwohner. Unter dem Namen Kiedricher Gräfenberg wurden die Weine bereits zu einer Zeit gehandelt, in der Lagenbezeichnungen noch nicht üblich waren. Auch war der Ort zeitweise sogar Residenz der Landesherren. In die hoch über dem Dorf thronende Burg Scharfenstein kehrten 100 Jahre lang immer wieder die Mainzer Erzbischöfe ein, die die Erzeugnisse der umliegenden Weinkeller nicht verachteten.

Die gotische Valentinuskirche verkörpert mittelalterlichen Reichtum und nimmt Besucher mit ihrer Ausstrahlung gefangen. Im Sommer vergeht keine Woche, in der in Kiedrich nicht geheiratet wird, obwohl die Ortschaft nur 4000 Ew. hat. Brautpaare erhalten eine Urkunde vom „Weinberg der Ehe“ und damit symbolisch einen Rebstock (und pro Jahr eine Flasche Wein). Das gotische Weindorf besitzt neben zahlreichen historischen Sehenswürdigkeiten stimmungsvolle Restaurants und Straußwirtschaften. Historische Bauwerke und Adelshöfe wie Schloss Groenesteyn prägen das Ortsbild.

In Hattenheims Hotel Zum Krug wohnen Sie hinter einer bemalten Fachwerkfassade

Weithin sichtbar thront die Burgruine Scharfenstein in den Weinbergen, neben der Valentinuskirche Wahrzeichen des Orts.

SEHENSWERTES

BURGRUINE SCHARFENSTEIN

Raben krächzen, und die Fahne flattert im Wind: Der Burgturm ist das einzige Überbleibsel der um 1160 errichteten Burg Scharfenstein, in der zeitweise auch die Mainzer Erzbischöfe residierten. Ein schöner Spaziergang führt von der Waldmühle und der Wassertretanlage hinauf. Vom Burgplatz, auf dem Besuchern und Gruppen nach Voranmeldung Grillvorrichtungen zur Verfügung stehen, eröffnet sich ein herrlicher Blick über das Dorf und die Weinberge. *Zufahrt über Mühlweg und Bergchaussee*

MICHAELSKAPELLE

Das grazile, zweigeschossige Bauwerk im spätgotischen Stil wurde als Totenkapelle mit Beinhaus 1440 erbaut. Die Außenkanzel dient der Predigt an Wallfahrtstagen zum hl. Valentin. Auf dem Kirchenvorhof ist die große Kreuzigungsgruppe beachtenswert. *März–Okt. tgl. 9–18 Uhr | Marktstr.*

St. Valentin in Kiedrich birgt die älteste noch spielbare Orgel Deutschlands

PFARRKIRCHE ST. VALENTINUS ★

Die um 1300 auf den Fundamenten eines romanischen Gotteshauses entstandene Kirche ist benannt nach St. Valentin, Schutzpatron der Epilepsiekranken. Reliquien des Heiligen befinden sich in der Kirche; sie lösten im Mittelalter rege Wallfahrten aus. Auffällig ist das prachtvoll gestaltete Westportal, am Mittelpfeiler erblickt man den hl. Valentin. Größte Kostbarkeit der gotischen Kirche ist ihre Orgel aus dem späten 15. Jh., deren Wert noch rechtzeitig von Kiedrichs Gönner Sir John Sutton erkannt wurde. Der kunstinteressierte britische Mäzen kam 1857 eigens wegen der Orgel nach Kiedrich und fand ein nahezu zerstörtes Instrument vor. Sutton ließ die Orgel zwei Jahre lang in Brügge restaurieren und überwachte selbst den Rücktransport. Heute gilt das Instrument als älteste spielbare Orgel Deutschlands. Etwa 960 Pfeifen, von denen mehr als zwei Drittel aus der Entstehungszeit stammen, sorgen für den einzigartigen Klang. Kunsthistorisches Kleinod ist die von 1330 stammende Kiedricher Madonna mit Krone, Zepter und Weinlaub. *März–Okt. tgl. 10.30 bis 12.30, So auch 14.30–16 Uhr, Nov. bis Feb. Sa/So 14.30–16 Uhr, Führungen im Anschluss an das sonntägliche Choralhochamt*

RATHAUS

Insider Tipp

Das Kiedricher Rathaus mit seinen zwei flankierenden Erkern und Sandsteinumrahmungen gilt als schönstes Renaissancerathaus von Hessen. Der 1585 errichtete Bau ist Sitz der Gemeindeverwaltung, und Brautpaare geben sich das Jawort im Sitzungssaal des historischen Hauses. *Marktstr.*

ESSEN & TRINKEN

CAFÉ-RESTAURANT DENNE

Im 350 Jahre alten Fachwerkhaus (und auch im kopfsteingepflasterten Hof und in der Scheune) serviert man Ihnen Kaffee und Kuchen sowie Gerichte der Saison. *Di–So 12–18 Uhr | Oberstr. 22 | Tel. 06123/49 79 | www.cafe-denne.de* | €€

WEINGUT KRONEBERGER-SCHÄFER

Hier treffen sich Alteingesessene mit Besuchern an einem Tisch, trinken die köstlichen Weine der Winzerin Corinna und lassen sich leckere Kleinigkeiten aus der Küche kommen. *Mo–Fr ab 15 Uhr | Mühlberg 3 | Tel. 06123/53 80* | €

> GREGORIANISCHE CHORÄLE

Die Gesänge der Kiedricher Chorbuben

Mehr als 700 Jahre alt ist die Tradition der gregorianischen Choräle in Kiedrich. Seit 1333 pflegten die hiesigen Geistlichen mit Männern und Schulbuben der Gemeinde die Gesänge, aufgezeichnet in der damals gebräuchlichen Hufnagel-Notenschrift. Eine Besonderheit des Gesangs ist sein alter germanischer Dialekt, der nur in Kiedrich gesungen wird. In einer auf John Sutton zurückgehenden Stiftung wurde 1865 eine Chorschule ins Leben gerufen, die noch heute existiert. Unter der Leitung ihres Chorregenten singen die „Kiedricher Chorbuben" (heute gehören dazu auch Mädchen) seitdem an Sonn- und Feiertagen das lateinische Hochamt – einzigartiges historisches Vermächtnis und seltener Musikgenuss. *www.kiedricher-chorbuben.de*

Insider Tipp

WEINSCHÄNKE SCHLOSS GROENESTEYN

Stilvolle Adresse in einem neu errichteten Fachwerkensemble. Das Restaurant mit großer Weinkarte serviert anspruchsvolle leichte Gerichte. *Mo/Di und außer So mittags geschl. | Oberstr. 36 | Tel. 06123/15 33 | www.weinschaenke-schlossgroenesteyn.de* | €€€

WALDMÜHLE

Ein Landgasthaus in ruhiger Waldlage mit großer Terrasse und Wintergarten. Sonntags trifft man sich hier gern zum üppigen Brunch. Auf dem Weg passieren Sie die Virchow-Thermalquelle, deren konstant 24 Grad warmes, salzhaltiges Wasser seit 1867 Linderung bei vielerlei Beschwerden verspricht. *Nur Sa-Abend und So, April–Okt. auch Fr-Abend geöffnet | Waldstr. 28 | Tel. 06123/63 03 15 | www.waldmuehle-rheingau.de* | €€

ZEHNTHOF

Eine Institution für alle Liebhaber großer Fleischportionen in lauter, feucht-fröhlicher Umgebung, zu der Stammgäste sogar aus Frankfurt anreisen. *Do/Fr und außer Sa/So mittags geschl. | Oberstr. 1 | Tel. 06123/610 58* | €

EINKAUFEN

Insider Tipp

KERAMIKATELIER HONIGBERG

Seit vielen Jahren betreibt die Rheingauer Künstlerin Martina Hesse ihre Keramikwerkstatt mit Verkauf am Ortsausgang Richtung Kloster Eberbach. Es entstehen Gegenstände des täglichen Gebrauchs wie auch Skulpturen und auf Anfrage gefertigte Keramiken. *Kloster-Eberbach-Str. 2*

WEINGUT ROBERT WEIL

Das renommierte Gut wurde Mitte des 19. Jhs. im Stil der englischen Gotik erbaut. Proben und Verkauf in der Vinothek nebenan. *Mühlberg 5 | Tel. 06123/23 08*

WEINGUT SCHÜLER-KATZ

Ein Fachwerkhaus wie gemalt: Erker, Kopfsteinpflasterhof, Butzenfenster. Weinverkauf nach telefonischer Anmeldung. *Bingerpfortenstr. 6 | Tel. 06123/54 22*

WINZERGENOSSENSCHAFT KIEDRICH

Das schöne, lang gestreckte Fachwerkhaus des ehemaligen Adelsgutes Langenhof wird auf das 15. Jh. datiert. In der Winzergenossenschaft kann man die Kiedricher Weine probieren und kaufen sowie – gleich nebenan – günstig gutbürgerlich essen. Eine traditionsreiche Adresse: Die 1893 gegründete Genossenschaft ist die älteste des Rheingaus. *Kammstr. 3 | Tel. 06123/24 36*

ÜBERNACHTEN

GÄSTEHAUS EGERTSMÜHLE

Eine stilvolle Übernachtungsadresse: Doreen Hulbert schuf in ihrer historischen Mühle, umgeben von Wald und Pferdekoppeln, individuell ausgestattete Gästezimmer. Sinn fürs Detail, köstliches Frühstück. *7 Zi. | Waldstr. 26 | Tel. 06123/29 10 | Fax 31 63 | www.egertsmuehle.de* | €€

NASSAUER HOF

Das alteingesessene Hotel und Restaurant wird umfassend renoviert und öffnet im Frühjahr 2009 wieder seine Türen. *25 Zi. | Bingerpfortenstr. 17 | www.hotel-nassauerhof.de* | €€

FREIZEIT & SPORT

Insider Tipp

Der Rheingauer Dichter *Rainer Rupröder (www.ruproeder.de)* bietet geführte Wanderungen ab Kiedrich mit offenen ▶▶ Lesungen an markanten Punkten. *5 Std. | 25 Euro/Person inkl. Sektempfang, Getränke und Brotzeit | Tel. 06123/17 07*

AM ABEND

KUZ EICHBERG

Das „KUZ" (Kulturzentrum der Psychiatrischen Klinik Eichberg) auf halber Strecke zwischen Kiedrich und Kloster Eberbach bietet ein reiches Programm aus Kabarett, Comedy, Konzerten und vielem mehr an verschiedenen Orten. *www.kuz-eichberg.de*

AUSKUNFT

VERKEHRSAMT KIEDRICH

Rathaus | Marktstr. 27 | Tel. 06123/90 50 10 | www.kiedrich.de, www.kiedrich-geschichte.de

Die Künstlerin Martina Hesse bei der Arbeit in ihrem Atelier Honigberg in Kiedrich

ZIEL IN DER UMGEBUNG

KLOSTER EBERBACH ★ [118 C4]

Ein Ort der Stille: Selbst an betriebsamen Wochenenden umgibt besinnliche Ruhe die Besucher, der Atmosphäre von Stille und Erhabenheit kann sich niemand entziehen. Das Kloster ist ein einzigartiges Architekturkunstwerk und gilt als die am besten erhaltene mittelalterliche Klosteranlage Europas.

1136 zogen 24 Mönche und Laienbrüder des Zisterzienserordens in das bereits bestehende Kloster der Augustiner-Chorherren. Arbeit, Fasten und Schweigen – das Leben der Zisterzienser war strenger Kontemplation gewidmet. Die Hinwendung des Ordens zu Meditation und religiösem Ernst beeinflusste seine Bauvorschriften: Skulpturaler Schmuck wurde ebenso abgelehnt wie Bilder, stattdessen richtete sich die Architektur aus am Klang der Liturgie. Der um 1250 bis zur Mitte des 14. Jhs. erbaute Kreuzgang stellt das architektonische Zentrum des Klosters dar. Darum herum sind die bedeutendsten Wirtschaftsgebäude angeordnet.

>LOW BUDGET

- In den *Weingarten Hajo Becker (tgl. ab 16 Uhr | Rheinstr. 4 a)* am Rhein in Walluf bringt man sein Essen im Picknickkorb selbst mit oder kauft vor Ort Kleinigkeiten wie Brezeln und Käsewürfel und genießt dazu den guten Riesling des Weinguts.
- Von Mai bis Mitte Oktober bietet das Touristenbüro von Eltville jeden Samstag um 15 Uhr kostenlose, 90-minütige *Altstadtführungen* an. Treffpunkt ist am *Sebastiansturm* in der Leergasse.
- Zu einer kostenlosen Führung durch die *Kirche von Kiedrich* lädt die katholische Gemeinde sonntags um 11 Uhr nach dem Hochamt.
- Die *Winzergenossenschaft Kiedrich (Kammstr. 3 | Tel. 06123/635 17 | www.winzerhaus-kiedrich.de)* bittet nach Anmeldung im Frühjahr und Herbst zu einer kompletten Verkostung der Kiedricher Weine – für nur 2 Euro pro Person.

Noch heute erinnert man sich im Kloster an die Dreharbeiten zum Film „Der Name der Rose" nach dem Roman von Umberto Eco, dessen Innenaufnahmen 1985 mit Hauptdarsteller Sean Connery teilweise hier gedreht wurden. 1998 überführte man die Klosteranlage in eine gemeinnützige Stiftung öffentlichen Rechts.

Ein besonderes Erlebnis sind die in historischen Räumen stattfindenden Weinproben. Die „Schlenderprobe" z. B. ist ein Klosterrundgang mit Verkostung von sechs Rieslingweinen in sechs Räumen (18 Euro). Für Einzelbesucher findet zwischen Mai und Oktober jeden ersten Freitag im Monat die „offene Schlenderweinprobe" statt, während jeden dritten Freitag zwischen Mai und Oktober die „Traditionsweinprobe" veranstaltet wird. *April–Okt. tgl. 11–18, Nov.–März 11–17 Uhr | 3,50 Euro | Kloster-Eberbach-Straße 3 km westlich zwischen Kiedrich und Hattenheim | Buchungsservice Tel. 06723/917 81 00 | www.klostereberbach.de*

Insider Tipp

Zum Kloster gehören auch ein Hotel und das Restaurant *Klosterschänke (tgl. | Tel. 06723/99 32 99 | €€).* Wunderschön im restaurierten Ambiente eines historischen Nebengebäudes tafelt man unter Kreuzgewölben und im Sommer im Garten unter Platanen. Hausgemachte Holunderlimonade, geräucherte Wisperforelle aus dem Taunus, Wildgerichte und mit leichter Hand komponierte Salate schmecken vorzüglich. An der Wildschweinsülze mit Bratkartoffeln und dunklem Klosterbier führt hier kein Weg vorbei.

Insider Tipp

ÖSTLICHER RHEINGAU

Ein Meisterwerk: das gotische Gewölbe im Mönchsdormitorium (Schlafsaal) des Klosters Eberbach

OESTRICH-WINKEL

[118 B5–6] **Wenn man auf der Bundesstraße 42 am Rhein von Eltville gen Westen fährt, passiert man die ineinander übergehenden Orte Oestrich, Mittelheim und Winkel (zusammen 12 000 Ew.).** Unter Bäumen auf der rechten Seite erblickt man so manches prächtige historische Gebäude, oft Hotel oder Café, und auch Schloss Reichartshausen. Hunderte von Studenten sind an der im Schloss untergebrachten European Business School für Betriebswirtschaft und Immobilienökonomie immatrikuliert.

Wahrzeichen Oestrichs ist der hölzerne Kran am Leinpfad, der einst der Weinverladung diente. Aufwendig restauriert wurde der Ortskern mit seinen blumengeschmückten Häusern rund um den Marktplatz. Von herausragendem kunsthistorischem Interesse ist die romanische Basilika von Mittelheim, während das Graue Haus am südlichen Ortsrand von Winkel zu den ältesten Steinhäusern Deutschlands zählt. Im frühen 19. Jh. als Treffpunkt der Rheinromantiker bekannt wurde das Brentano-Haus. Hier war 1814 schon Goethe zu Besuch, ein Zimmer erinnert an den Dichterfürsten.

SEHENSWERTES

BASILIKA ST. ÄGIDIUS

Der 1131 errichtete gotische Sakralbau in Mittelheim ist die älteste Kirche des Rheingaus. Die äußerlich schlichte, dreischiffige Pfeilerbasilika enthält eine Statue des hl. Urban, Schutzpatron der Winzer. Ein Jahrhundert älter ist die Statue des Kirchenpatrons Ägidius, ebenfalls ein Schutzpatron des Weins und jeweils am 1. September mit frischen Trauben geschmückt. Kunsthistorisch bedeutsam ist die holzgeschnitzte Kanzel von 1511. *www.aegidius-basilika.de*

BRENTANO-HAUS ★

Das lang gestreckte Landgut mit dem zweistöckigen Mansardendach, zum

Insider Tipp

WEINGUT FRITZ ALLENDORF

Auch Winzer gehen mit der Zeit: Wein probieren kann man an vielerlei Orten im Rheingau – Fühlen (von Bodenproben), Riechen (der unterschiedlichen Weinaromen) und Hören (auf die Geräusche beim Einschenken reifer Weine) bei unterschiedlicher Beleuchtung kann man in der *Wein.Erlebnis.Welt* dieses Weinguts. Anschließend darf gekauft werden. *Winkel | Kirchstr. 69 | Tel. 06723/918 50 | www.allendorf.de*

ÜBERNACHTEN

PENSION MICHAEL DORNBACH

Modernes Gästehaus des gleichnamigen Weinguts mit betont zurückhaltender Möblierung. *4 Zi. | Oestrich | Feldstr. 1 | Tel. 06723/36 02 | Fax 874 89 | www.weingut-dornbach.de* | €

HOTEL NÄGLER

Empfehlenswert sind die Zimmer mit Superblick zur Rheinseite. Mit Fahrradvermietung. *42 Zi. | Winkel | Hauptstr. 1 | Tel. 06723/990 20 | Fax 99 02 80 | www.naeglers.de* | €€

HOTEL SCHWAN

Ein hohes Schieferdach, Dutzende von Sprossenfenstern, ein Turmvorbau und die Fachwerkfassade verströmen beinahe südländisches Flair. Dazu trägt auch die breite Markise über der Terrasse bei, auf der die Gäste gern Platz nehmen. Das tatsächliche Alter des 1628 erbauten Viersternehotels nimmt man im historischen Gewölbekeller wahr, in dem Weinproben veranstaltet werden. *54 Zi. | Oestrich | Rheinallee 5–7 | Tel. 06723/80 90 | Fax 78 20 | www.hotel-schwan.de* | €€–€€€

GÄSTEHAUS STRIETH

In einem prächtigen Fachwerkhaus nur 100 m vom Rhein betreibt Pamela Kurz ihr behagliches Gästehaus. Fachwerkbalken und Sprossenfenster schmücken den Frühstücksraum, wo ein reichhaltiges Buffet serviert wird. Im Sommer lockt zudem eine Gartenterrasse. *15 Zi. | Winkel | Hauptstr. 128 | Tel. 06723/995 80 | Fax 99 58 99 | www.gaestehaus-strieth.de* | €€

FREIZEIT & SPORT

RHEINFÄHRE MITTELHEIM-INGELHEIM

Pendler wie Touristen nutzen die Autofähre. Zudem ist sie eine günstige Gelegenheit, um für ein Viertelstündchen auf dem Rhein zu kreuzen.

> SIEGESZUG EINER REBSORTE

Im Rheingau entstand der Müller-Thurgau

Eine der beliebtesten Weinsorten Deutschlands hört auf diesen etwas sperrig klingenden Namen. Ihre Wiege steht im Rheingau: In der Lehr- und Forschungsanstalt Geisenheim kreuzte der Schweizer Professor Dr. Hermann Müller aus dem Kanton Thurgau 1882 die Rebsorten Riesling und Schweizer Gutedel und schuf so die Grundlage für einen Wein von angenehmer, zurückhaltender Säure. Heute wird diese unkomplizierte und robuste Rebsorte selbst im fernen Neuseeland angebaut.

Halbstündlich Mo–Fr 6–21, im Sommer bis 21.30, Sa ab 7, So ab 8 Uhr | www.rheinfähre.de

AM ABEND

Insider Tipp BRENTANO-SCHEUNE

Das städtische Kulturhaus ist untergebracht in einem industriellen Baudenkmal: Um 1800 beherbergte das aus Bruchstein und Fachwerk erbaute Haus eine Gerberei, später wechselte es in den Besitz der Familie von Brentano über. Heute dient das Gebäude für Ausstellungen, Konzerte, Lesungen, Varietédarbietungen, Comedy und Artistik. *Winkel | Hauptstr. 134 a | Tel. 06723/88 52 29 | www.brentanoscheune.de*

AUSKUNFT

VERKEHRSVEREIN OESTRICH-WINKEL

An der Basilika 11 a | Tel. 06723/194 33 | www.oestrich-winkel.de

ZIEL IN DER UMGEBUNG

HALLGARTEN [118 B5]

Blumengeschmückte Fachwerkhäuser, Gasthäuser und Straußwirtschaften prägen das Winzerdorf (2500 Ew.) 3 km nordöstlich. Aus dem 12. Jh. stammen Nordwand und Turm der Pfarrkirche. Stolz ist die Gemeinde auf die Tonskulptur der „Madonna mit der Scherbe". Der Name bezieht sich auf das Gefäß („Scherbe"), das die Muttergottes in der rechten Hand trägt; in der Linken das Kind, das Weintrauben hält. Ein Gegenstück der äußerst wertvollen, von 1420 stammenden Figur, die Belle Alsacienne, befindet sich im Pariser Louvre.

Bestandteil des Hallgartener Wappens ist eine Zange. Tatsächlich ist mit diesem aus dem Mittelhochdeutschen übernommenen Begriff (ursprünglich „Zanke") aber nicht ein Werkzeug gemeint, sondern ein Felsvorsprung. Die *Hallgartener Zange,* ein oberhalb des Orts von Wäldern umgeben gelegener Aussichtspunkt, ist ein beliebtes Ausflugsziel. Auf einem Felsvorsprung in 580 m Höhe befindet sich ein Turm – er ist das wiederaufgebaute Relikt einer ehemaligen Befestigungsanlage.

In Hallgarten steht seit 1420 die Tonskulptur „Madonna mit der Scherbe"

> TOR ZUM ERBE DER MENSCHHEIT

Wo die Spätlese erfunden wurde und die Drosselgasse Millionen von Besuchern anzieht

> Rüdesheim, Johannisberg, Assmannshausen – angesichts der Werbewirksamkeit und des großen Bekanntheitsgrades dieser Orte rücken die Schönheiten und Besonderheiten anderer Orte im westlichen Rheingau fast in den Hintergrund. Durch umfangreiche Restaurierung der Innenstadt und Verkehrsberuhigung konnte besonders die sympathische „Lindenstadt" Geisenheim in den letzten Jahren an Attraktivität gewinnen.

Gleich zwei bedeutende Klöster trifft man im westlichen Rheingau an: Das von Franziskanern geleitete Marienthal ist einer der ältesten Wallfahrtsorte Deutschlands, und im Kloster Eibingen leben Nachfolgerinnen der Klostergründerin Hildegard von Bingen, die – wie es sich im Rheingau gehört – u. a. erfolgreich Weinbau betreiben.

Rüdesheim, das Tor zum „Erbe der Menschheit": Die Aufnahme des

Bild: Blick über die Weinberge auf Rüdesheim und den Rhein

WESTLICHER RHEINGAU

Mittleren Rheintals in die Unescoliste zog große touristische Aufmerksamkeit nach sich. Tatsächlich gehört diese Region zwischen Rüdesheim und Koblenz zu den eindrucksvollsten Deutschlands: Wenige Kilometer hinter Rüdesheim beginnt die Landschaft sich zu verändern. Das weiträumige Rheintal rückt zusammen, steil ragen die Hügel rechts der Straße in die Höhe. Selbst der Rhein scheint nicht mehr der alte zu sein: Der noch in Rüdesheim 700 m breite Fluss verengt sich bis auf weniger als die Hälfte.

GEISENHEIM

[117 E5] **Vom Lindenplatz im Herzen der Altstadt lassen sich auf einem Spaziergang die historischen Sehenswürdigkeiten Geisenheims (12 000 Ew.) am besten erkunden.** Untergebracht in Fachwerkhäusern sind zudem zahlreiche

Pause unter der 700-jährigen Linde der „Lindenstadt" Geisenheim

Boutiquen, die die Bedeutung Geisenheims als Einkaufsstadt unterstreichen. Mehrere prächtige Schlösser liegen am Stadtrand.

SEHENSWERTES

LINDE

Der bald 700 Jahre alte Laubbaum am Marktplatz ist das Zentrum der „Lindenstadt" – ein einzigartiges Naturdenkmal, dem zu Ehren alljährlich am zweiten Juliwochenende das Lindenfest gefeiert wird. Dank immer wieder erfolgreich durchgeführter Arbeiten des Baumdoktors beschattet die Linde nach wie vor die um ihren Stamm angebrachten Sitzbänke. Der Baum hatte bereits eine stattliche Größe, als im Mittelalter hier öffentlich Rats- und Gerichtsversammlungen abgehalten wurden. Jüngeren Datums, nämlich von 1823, ist der Marktbrunnen im klassizistischen Stil. *Lindenplatz*

RHEINGAUER DOM

Das gotische Bauwerk stammt aus dem Jahr 1510 und wurde an der Stelle einer romanischen Vorgängerkirche errichtet. Zahlreiche bauliche Veränderungen im 19. Jh. stammen von dem Nassauer Baumeister Philipp Hoffmann. Dabei wurde das Kirchenschiff um nahezu das Doppelte verlängert, und zwei Kirchtürme ersetzten 1829 die baufällig gewordenen Westtürme. Im Kircheninneren (südliches Seitenschiff) ist der sogenannte Dreikönigsaltar von 1480 bemerkenswert. *Bischof-Blum-Platz*

SCHLOSS SCHÖNBORN

Als eine Mischung aus Burg und Schloss präsentiert sich das weithin sichtbare Bauwerk mit dem Fachwerkerker und den vier Ecktürmen sowie einem Treppenturm. Erbaut um 1550, wechselte es Mitte des 17. Jhs. in den Besitz von Erzbischof Johann Philipp von Schönborn über, der es als Sommerresidenz nutzte. Das noch heute in Familienbesitz befindliche Schloss, umgeben von einem Weinberg, ist nur im Rahmen von (Musik-)Veranstaltungen zu besichtigen. *Winkeler Str. 64*

VILLA MONREPOS

Als Altersdomizil ließ sich 1860 bis 1863 Freiherr Eduard von Lade diese repräsentative, von einem herrlichen Park umgebene Villa erbauen. Er gründete 1872 die Königliche Lehranstalt für Wein-, Obst- und Gemüseanbau und rief die Pomologische Hochschule ins Leben, also eine Universität für Obstforschung. Später stiftete von Lade die Villa Monrepos mit ihren zahlreichen Mustergärten und seltenen Pflanzen der Stadt. Zwei Jahre später stattete Kaiser Wilhelm II. der Villa einen Besuch ab. Heute ist die Lehr- und Forschungsanstalt ein international renommiertes Ausbildungsinstitut. *Rüdesheimer Str. 5*

ESSEN & TRINKEN

Insider Tipp **BOOTSHAUS**

Deutsch-griechische Küche mit Garten direkt an der Rheinpromenade. *Tgl. | Am Rheinufer | Tel. 06722/ 71 03 27 | www.bootshaus-geisenheim.de* | €

INCONTRO

(Eis-)Café, Bar, Lounge. Im Sommer lädt die Gartenterrasse zu einer Pause. *Tgl. 8.30–22 Uhr | Winkeler Str. 57*

EINKAUFEN

ENGLISH GALLERY

Schmuck, Mode und Wohnen – um diese Themen rankt sich das Angebot der in einem entzückenden Fachwerkhaus untergebrachten Galerie. *Römerberg 2–3*

ÜBERNACHTEN

CAMPINGPLATZ

Günstig und in schöner Lage, nämlich unmittelbar am Rheinufer: Der großzügige Platz bietet 350 Stellplätze für Wohnmobile. Zur Anlage gehört das ganzjährig geöffnete Lokal *Rheingau-Pavillon. Nov.–Feb. geschl. | Am Rheinufer 1 | Tel. 06722/756 00 | www.rheingau-camping.de*

WALDHOTEL GIETZ

In romantischer Waldlage unweit des Klosters Marienthal thront das weiße

MARCO POLO HIGHLIGHTS

★ **Kloster Marienthal**
Kontrast zum glamourösen Rheingau: ein von Mönchen bewohntes Wallfahrtsziel (Seite 68)

★ **Niederwalddenkmal**
Die beste Aussicht auf das Rheintal (Seite 74)

★ **Rheingauer Weinmuseum Brömserburg**
Faszinierendes Rüdesheimer Weinmuseum in einer mittelalterlichen Burg (Seite 74)

★ **Rüdesheimer Schloss**
Hier wohnen Sie in einem bald 300 Jahre alten Bauwerk (Seite 77)

★ **Schloss Johannisberg**
900 Jahre Weinbaugeschichte, wunderschön präsentiert – und einen Gutsausschank gibt es obendrein (Seite 71)

★ **Kabinenseilbahn**
Der Rhein und die Pracht der Rüdesheimer Altstadt von oben gesehen (Seite 73)

Gebäude des Hotels vor grüner Kulisse. Die Zimmer mit Balkon sind auch als Familienzimmer mit Verbindungstür geeignet. Auch Schwimmbad und eine Sauna sind vorhanden. *60 Zi. | Marienthaler Str. 20 | Tel. 06722/996 00 | Fax 99 60 99 | www.waldhotel-gietz.de* | €€–€€€

AUSKUNFT

STÄDTISCHES VERKEHRSAMT

Rüdesheimer Str. 48 | Tel. 06722/70 10 | Fax 70 11 20 | www.geisenheim.de

ZIELE IN DER UMGEBUNG

KLOSTER MARIENTHAL ★ **[117 E5]**

In Stille und Schönheit der Natur ruht das Franziskanerkloster Marienthal 4 km nördlich von Geisenheim umgeben von den Wäldern des Elsterbachtals. Nach einer wundersamen Heilung vor dem in Holz geschnitzten Marienbild (das noch heute den größten Schatz des Klosters darstellt) errichtete man eine Kirche, die 1330 geweiht wurde. Der bis ins 18. Jh. u. a. von Jesuiten geleitete Wallfahrtsort wurde von Franziskanern übernommen, die bis heute danach trachten, ihr Leben nach den Lehren des hl. Franziskus von Assisi auszurichten.

Zu den täglichen Gottesdiensten in der Kapelle *(6.30, 10.30, 12 und 18 Uhr)* sowie sonntags in der Wallfahrtskirche *(8.30, 10.30, 14.30 Uhr)* sind Besucher gern gesehen. Bei

Kloster Marienthal: ein Pilgerziel im ganz ursprünglichen Sinn des Wortes

schönem Wetter und an Wallfahrtstagen versammeln sich die Pilger auf dem großen Platz hinter der Kirche für einen Gottesdienst im Freien. *www.franziskaner-marienthal.de*

STEPHANSHAUSEN [117 E4]

Der Erholungsort liegt 12 km nördlich geschützt in einer Talsenke, umgeben von Wäldern und landwirtschaftlich genutzten Feldern. Von Stephanshausen (2000 Ew.) aus lassen sich zahlreiche schöne Wanderungen unternehmen, beispielsweise auf einem Teilstück des *Rheinhöhenwegs,* der durch den Ort verläuft und zum Aussichtspunkt Hallgartener Zange führt. Der Hin- und Rückweg beträgt 10 km, vom Dorfgemeinschaftshaus an der Hauptstraße ist der Rheinhöhenweg ausgeschildert. Folgt man dem mit „R" bezeichneten Weg, gelangt man zum Naturdenkmal *Grauer Stein,* Felsblöcken, die bis zu 10 m in die Höhe reichen. Nach weiteren 3 km ist der Aussichtspunkt *Hallgartener Zange* erreicht. Will man ein paar Tage auf den Höhen des Rheingaus verbringen, empfiehlt sich in Stephanshausen als Unterkunft das *Landhotel Lietz (15 Zi. | Brühlstr. 2–4 | Tel. 06722/750 00 | www.landhotel-lietz.de | €–€€).*

> BÜCHER & FILME

Der Mörder ist immer der Winzer. Oder der Mönch?

> **Der Baron, der Wein und der Tod** – Conrad Brühl nimmt Vorgänge in einem Rheingauer Schloss zum Anlass für seinen Krimi um die Machenschaften von korrupten Banken und Politikern.

> **Wasser zu Wein** – Anne Chaplets Roman ist ein Krimi aus dem Winzermilieu: Ein Mann kehrt nach langer Abwesenheit in das Weinbauernstädtchen Wingarten am Rhein zurück und stößt auf feindselige Spannung; schließlich gibt es zwei Tote.

> **Abenteuer Rheinsteig** – Wolfgang Blum, Gert Stephan-Kaselow und Heidrun Braun zeigen in 23 Etappen, mit Routenkarten, 280 Fotos sowie zahlreichen Höhenprofilen, wo es langgeht auf der 320 km langen Strecke zwischen Wiesbaden und Bonn.

> **Ich bin die Andere** – Katja Riemann, Armin Müller-Stahl und Karin Dor zeigen in dem Psychothriller von Margarethe von Trotta eine Weingutbesitzerfamilie zwischen Schuld und Sühne. Gedreht wurde 2006 auf dem Assmannshäuser Höllenberg mit seinen Weinreben und im Rheintal.

> **Der Name der Rose** – Für den preisgekrönten mittelalterlichen Krimi (1986) mit Sean Connery in der Hauptrolle nach dem Roman von Umberto Eco wählte Produzent Bernd Eichinger das Kloster Eberbach für die Innenaufnahmen.

> **Bruder Mord** – In dieser Episode von 2005 der Pfarrer-Braun-TV-Serie wird Ottfried Fischer in eine mittelalterliche Abtei (Kloster Eberbach) im Rheingau versetzt. Dort muss er bei der Weinlese helfen. Als Kulisse dient der phantastische Weinkeller, gemordet wird in der Weinpresse.

sowie „Alter Riesling Weinbrand" produziert. *Grund 1* | *www.prinz-von-hessen.de*

ÜBERNACHTEN

BURG SCHWARZENSTEIN

Nach aufwendigen Umbauarbeiten wurde das Hotel wieder geöffnet. Ein herrlicher Blick über das Rheintal erfreut die Gäste. Neben den drei Starköchen aus Hattenheim taucht ein neuer Stern am Rheingauer Gourmethimmel auf: Sven Messerschmidt serviert im modernen Pavillon mit Glasfronten und Terrasse französisch-mediterrane Küche. *7 Zi.* | *Rosengasse 32* | *Tel. 06722/995 00* | *Fax 99 50 99* | *www.burg-schwarzenstein.de* | €€€

KLOSTER JOHANNISBERG

Asketische Pilgerzimmer mit Bad auf dem Flur, schlicht-elegante Kloster- und stilvolle Klassikzimmer, teils mit Erker und Blick auf die Weinberge: Das 150 Jahre alte ehemalige Benediktinerinnenkloster ist sehr zu empfehlen. Auch das Restaurant spiegelt klösterlich-puristisches Ambiente wider und bereitet vorzügliche Gerichte zu. Im Sommer genießt man diese wahlweise auf der großen Terrasse oder im Klostergarten. *42 Zi.* | *Badpfad 1* | *Tel. 06722/49 79 10* | *Fax 497 91 79* | *www.kloster-johannisberg.de* | €€

HAUS NEUGEBAUER

In Sonnenlage oberhalb von Johannisberg im Wald. Von der wunderschönen Aussichtsterrasse des zu Anfang des 20. Jhs. als Internat errichteten Gebäudes liegt Ihnen fast der gesamte Rheingau zu Füßen. *20 Zi.* | *1 km nördl. nach Ortsende Richtung Stephanshausen* | *Tel. 06722/960 50* | *Fax 74 43* | *www.hotel-neugebauer.de* | €€

AM ABEND

CHARLY'S INN

Insider Tipp

Der Johannisberger Szenetreff wird schlicht „das Loch" genannt, denn so mancher geht hier verschütt und findet erst in den frühen Morgenstunden nach oben. *Mo/Di geschl.* | *Rosengasse 13* | *www.charlys-inn.com*

RÜDESHEIM

[117 D–E6] **Mit dem Slogan „144 Meter Lebensfreude" kennzeichnet die Stadt ihre berühmteste Attraktion, die in aller Welt bekannte Drosselgasse.** Tatsächlich gehört Rüdesheim (10 000 Ew.), gemessen an seiner Einwohnerzahl, zu den Orten mit den meisten Besuchern in Deutschland. Das Zentrum der Rheinromantik inspirierte einst Dichter und Musiker. So komponierte Johannes Brahms in Rüdesheim, während er der Fertigstellung des Niederwalddenkmals beiwohnte, seine Dritte Sinfonie.

Auch in kultureller Hinsicht hat der bekannteste Ort des Rheingaus einiges vorzuweisen, darunter historische Adelshöfe in der Oberstraße und mit dem Adlerturm in der Grabenstraße ein Relikt der alten Stadtmauer und Befestigungsanlage aus dem 15. Jh. Und die Brömserburg ist eine der ältesten Rheinburgen der Region. Die Gastronomie ist so vielseitig wie kaum sonst irgendwo im Rheingau. In den Restaurants, Kneipen und Straußwirtschaften finden immer wieder musikalische Livedarbietungen statt. Die touristisch ausgerichteten Geschäfte haben auch sonntags geöffnet.

Beschaulich ist die Stimmung im oberhalb von Rüdesheim inmitten von Weinbergen gelegenen Ortsteil Eibingen. Auch hier locken zahlreiche Gasthöfe und Winzerstuben zur Einkehr. Berühmt wurde der Ort als Wirkungsstätte der hl. Hildegard von Bingen, die hier 1165 ein Kloster gründete.

SEHENSWERTES

KABINENSEILBAHN

Gemächlich schweben die Gondeln über die Weinberge hinauf zum Niederwalddenkmal. Belohnt wird man mit einem herrlichen Blick auf die Rüdesheimer Altstadt und den Rhein. Ein Kombiticket *(6,50 Euro)* verbindet die Fahrt von Rüdesheim zum Denkmal und die Rückfahrt von oben mit dem Sessellift nach Assmannshausen (oder umgekehrt). Für die Strecke Rüdesheim–Assmannshausen oder umgekehrt stehen Bus, Bahn und Schiff zur Verfügung. Zu bestimmten Terminen werden auch Nachtfahrten angeboten. *April–Okt. tgl. 9.30 Uhr–ca. 2 Std. vor Sonnenuntergang | Oberstr. 37 | Hin- und Rückfahrt 6, 50 Euro | www.seilbahn-ruedesheim.de*

Auffahrt mit Aussicht: mit der Kabinenbahn zum Niederwalddenkmal

MITTELALTERLICHES FOLTERMUSEUM

Historische Sozialgeschichte dokumentiert anschaulich diese Ausstellung zur Entwicklung des europäischen Rechts vom dunkelsten Mittelalter und den Hexenprozessen bis zur Jetztzeit. Chroniken, Drucke und Radierungen zeigen blutige Folter, die in historischen Kellergewölben auf über 1000 m^2 ausgestellten Gerätschaften führen vor Augen, mit welchen Mitteln die „Wahrheit" gesucht wurde. *April–Nov. tgl. 10–18, Jan. bis März Sa/So 11–17 Uhr | Oberstr. 49–51 | www.Foltermuseum.com | 5 Euro*

Spieluhren und mehr: Siegfrieds Mechanisches Musikkabinett

NIEDERWALDDENKMAL ★

Weithin sichtbar thront über dem Südhang des Niederwalds das Nationaldenkmal der Germania, 1877–83 erbaut „zur Erinnerung an die sieg- und erfolgreiche einmütige Erhebung des Deutschen Volkes und die Wiederaufrichtung des Deutschen Reiches" nach dem Deutsch-Französischen Krieg. Die etwa 12 m hohe und 32 t schwere Germania trägt die Kaiserkrone in der rechten und das Reichsschwert in der linken Hand. Von der großen Terrasse am Sockel des Denkmals öffnet sich ein Panoramablick auf das Rheintal. Nicht wenige Besucher kommen mit der Seilbahn von Rüdesheim herauf. Einen Besuch lohnt die nahe *Adlerwarte (Mai–Okt. tgl. 10–17 Uhr | 3,50 Euro | www.adlerwarte-niederwald.de),* in der Sie zahlreiche heimische Greifvögel zu Gesicht bekommen und Interessantes über Aufzucht und Jagdgewohnheiten der Tiere erfahren.

RHEINGAUER WEINMUSEUM BRÖMSERBURG ★

Unmittelbar am Rhein wurde um 1000 auf den Fundamenten eines römischen Forts die Brömserburg gebaut, Sitz des Rüdesheimer Geschlechts der Brömser. Im Gästebuch finden Sie Einträge u. a. von Goethe, Heinrich Heine, den Brüdern Grimm und von Felix Mendelssohn-Bartholdy. Heute befindet sich in der Burg die älteste Sammlung von Objekten zur Weinerzeugung und zum Weingenuss: historische Weinpressen, Weingläser aller bedeutsamen Stilepochen etc. – mehr als 2000 Exponate sind in zwölf Räumen ausgestellt. *März–Okt. tgl. 10–18 Uhr |*

5 Euro | Rheinstr. 2 | www.rheingauer-weinmuseum.de

SIEGFRIEDS MECHANISCHES MUSIKKABINETT

Datenspeicher-Musikinstrumente aus drei Jahrhunderten: Eine beeindruckende Sammlung selbst spielender Instrumente von der Spieluhr bis zum Konzertpianoorchestrion trug Siegfried Wendel zusammen und eröffnete 1969 das erste Fachmuseum dieser Art in Deutschland, untergebracht im historischen Brömserhof. *März–Dez. tgl. 10–18 Uhr | 5,50 Euro | Oberstr. 27–29 | www.siegfrieds-musikkabinett.de*

WINZEREXPRESS

Besichtigungsfahrten mit dem Rüdesheimer Winzerexpress führen durch die Weinbergslagen. Haltestelle ist in der Fußgängerzone Oberstraße vor Siegfrieds Musikkabinett. *Tgl. 11–18 Uhr | 4,50 Euro | www.winzerexpress.de*

ESSEN & TRINKEN

BOLLESJE

Erlebnislokal mit Animation und Kerkeratmosphäre im ehemaligen Gefängnis. Den Gästen gefällts, auch das Gefangenenessen mit Löffel statt Besteck. *Tgl. | Oberstr. 30–32 | Tel. 06722/475 52 | www.bollesje.de* | €€

EIBINGER ZEHNTHOF

Über den Dächern von Eibingen und mit Blick auf die andere Rheinseite: In der Atmosphäre des von 1506 stammenden Zehnthofes trinkt man einen Schoppen im spätgotischen Rathauskeller oder im modernen Gutsausschank. Einzigartig ist der

In der tausendjährigen Brömserburg am Rhein residiert heute ein Weinmuseum

Gewölbekeller. Auf den Teller kommen Gerichte der Saison. *Mo geschl. | Eibinger Oberstr. 15 | Tel. 06722/ 27 55 | www.eibinger-zehnthof.de* | €

WEINHAUS FENDEL

Bekanntes Lokal, in dem Ambiente (schöne, große Terrasse mit Blick ins Rheintal), Angebot (Tagesspezialitäten) und die ausgeschenkten Weine jeden zufriedenstellen. Hier trifft man auch Rheingauer. *Mo und außer So mittags geschl. | Marienthaler Str. 46 | Tel. 06722/25 55 | www.weinhaus-fendel.de* | €

>LOW BUDGET

- Die Schiffe der Köln-Düsseldorfer bieten für Familien ein Rückfahrticket im gesamten Netz für 48 Euro. Und jeder Fahrgast erhält an seinem Geburtstag ein kostenloses Ticket für eine Linienfahrt.
- Die Stadt Geisenheim bietet von April bis Oktober am letzten Samstag im Monat kostenlose Stadtführungen an. Treffpunkt ist um 15 Uhr an der Linde vor dem Rathaus. Im Anschluss ist eine kostenlose Weinprobe bei einem Winzer möglich.
- Im Besucherzentrum des Hauses *Asbach (März–Dez. Di–Sa 9–17 Uhr | Ingelheimer Str. 4 | www.asbach.de)* in Rüdesheim dürfen Besucher einen Asbach Uralt verkosten und mit Weinbrand veredelte Süßigkeiten naschen. Dazu gibt es eine Multivisionsschau und Einblick in die Destillerie. Der Besuch ist kostenlos!
- Im *An- und Verkauf Second Hand (Di–Fr 14–18 Uhr | Winkeler Str. 65)* in Geisenheim finden Stöberer alles, darunter spottbillige alte technische Geräte.

LINDENWIRT

Wenn schon Drosselgasse, dann muss es auch der Lindenwirt sein. Die Rüdesheimer Institution, die sich selbst – keineswegs übertreibend – als „Herz der Drosselgasse" sieht, bietet in ihrem Weinrestaurant Platz für 250 Personen. *Tgl. | Drosselgasse | Tel. 06722/91 30 | www.lindenwirt.com* | €€

EINKAUFEN

KÄTHE WOHLFAHRT

Das ganze Jahr über Weihnachten: Alles dreht sich hier um das größte Fest des Jahres, und wer glaubt, an eine Tanne könne man nur Kugeln hängen, bekommt hier 1001 Inspiration. Daneben gibt es die in Handarbeit hergestellten deutschen Klassiker (Krippenfiguren, Weihnachtspyramiden aus Thüringen, Räuchermännchen, Nussknacker). *Oberstr. 35 | www.shop.wohlfahrt.com*

ÜBERNACHTEN

ZUM GRÜNEN KRANZ

Das 1826 gegründete Weingut an der alten Stadtmauer in der Rüdesheimer Altstadt bietet preisgünstige „Romantikarrangements" zu verschiedenen Zeiten im Jahr mit Übernachtung und Viergängemenü. Das Hotel betreibt auch einen Fahrradverleih und organisiert Fahrradtouren. *30 Zi. | Oberstr. 42–44 | Tel. 06722/483 36 | Fax 481 95 | www.gruenerkranz.com* | €

JAGDSCHLOSS NIEDERWALD

Nicht weit vom Niederwalddenkmal thront im hiesigen Naturpark das

1855–66 erbaute Jagdschloss des Herzogs von Nassau. Ganzjährig bespielbare Tennisplätze und ein Hallenbad mit Panoramablick auf die Natur. *52 Zi. | Niederwald 1 | Tel. 06722/710 60 | Fax 710 66 66 | www.niederwald.de | €€€*

Insider Tipp

HOTEL LINDENWIRT

Etwas beengt, aber urig ist die Übernachtung im echten Weinfass. Rüdesheimer Katerloch oder Hallgartener Jungfer heißen die Fässer, in die Doppelbetten eingebaut wurden; zwei kleine Fenster sorgen für Tageslicht. Mehr Komfort bieten die normalen Zimmer des Hotels. *90 Zi. | Amselstr. 4 | Tel. 06722/91 30 | Fax 475 85 | www.lindenwirt.com | €€*

RÜDESHEIMER SCHLOSS ★

Vom Goethezimmer genießt man einen herrlichen Blick auf Weinberge und Baudenkmäler, die Turmsuite besitzt modernes Interieur und ein Himmelbett. Das Vier-Sterne-„Weinhotel" Rüdesheimer Schloss, 1729 vom Erzbischof zu Mainz erbaut, bietet neben individuell gestalteten Räumen ein stimmungsvolles Gewölberestaurant und einen von hohen Bäumen beschatteten Schlossgarten. *26 Zi. | Steingasse 10 | Tel. 07622/905 00 | Fax 90 50 50 | www.ruedesheimer-schloss.com | €€–€€€*

HOTEL TRAUBE-AUMÜLLER

Ein hübsches Eckhaus am Rhein nicht weit von der Drosselgasse mit Schwimmbad, Sauna und Sonnenterrasse sowie mehreren Restaurants. *115 Zi. | Rheinstr. 6–9 | Tel. 06722/91 40 | Fax 15 73 | www.traube-aumueller.com | €€*

„144 Meter Lebensfreude": die legendäre Drosselgasse in Rüdesheim

FREIZEIT & SPORT

KÖLN-DÜSSELDORFER

14 große Schiffe bedienen unterschiedliche Strecken, besonders schön ist die „Nostalgie-Route" mit dem Schaufelraddampfer von Rüdesheim nach Koblenz (Mai–Okt.). Mehrmals täglich geht es in der Hauptsaison zur Loreley. *Tickets bei der Agentur Rüdesheim (Tel. 06722/38 08) oder im Tourist Center | www.k-d.com*

RHEINFÄHRE

Auto- und Personenfähren verkehren zwischen Rüdesheim und Bingen alle 20 Minuten. *Tgl. 6–21 Uhr*

RHEIN-HELI-RUNDFLÜGE

Das Welterbe aus der Luft: Zu festgelegten Terminen werden Rundflüge über den Rhein veranstaltet. Startplatz ist der Ebentaler Hof. *53–140 Euro/Person | Tel. 06722/25 18 | www.rheinheli.de*

AM ABEND

Bis in die frühen Morgenstunden herrscht lebhafter Betrieb in den Kneipen und Weinstuben der Drosselgasse.

GNOOM ▶▶

Laut, dunkel, voll: Generationen von Schülern und Studenten zog es am Wochenende die Treppen hinunter ins Gnoom. In die Jahre gekommen, aber noch immer in, auch nach drei Jahrzehnten, ist die Diskothek Kult. Auch Liveevents. *Fr/Sa 21–5 Uhr | Rheinstr. 10 | www.gnoom4ever.de*

HAJOS PUB ▶▶

Treff für Studenten der Fachhochschule, wechselndes Livemusikprogramm. *Mo–Fr 18–2, Sa/So 14–2 Uhr | Rheinstr. 10 | www.hajos.de*

QUETSCHKOMMOD

Ältere Semester mögen die Livemusik, häufig aus den Siebziger- und Achtzigerjahren. Im Sommer tagt man im Biergarten, wenn es kalt wird im Wintergarten am Kaminofen. *März–Dez. tgl. 12–2 Uhr | Amselstr. 2/Drosselgasse | Tel. 06722/90 08 16 | www.quetschkommod.de*

RÜDESHEIM BEI NACHT

Mit der Seilbahn zum Niederwalddenkmal, Sektempfang, Stadtführung in Rüdesheim, Mitternachtssüppchen: Im Tourist-Center gibt es ein Komplettpaket *(18 Euro)* zu ausgewählten Terminen zwischen Mai und September.

AUSKUNFT

RÜDESHEIM TOURIST AG

Geisenheimer Str. 22 | Tel. 06722/194 33 | Fax 34 85 | www.ruedesheim.de

ZIELE IN DER UMGEBUNG

ASSMANNSHAUSEN [116 C5]

In eindrucksvoller Rheinlage 5 km westlich von Rüdesheim: steile Weinberge, dicht bewaldete Höhenzüge, der silberblau glänzende Rhein und die Burg Rheinstein sind die beherrschenden Elemente. Der auf den Verwitterungsböden gedeihende Spätburgunder gehört zu den berühmtesten deutschen Weinen. Weithin bekannt ist das mit Türmchen und Erker geschmückte *Hotelrestaurant Krone (tgl. | Rheinuferstr. 10 | Tel. 06722/40 30 | www.hotel-krone.com | €€€),* im 19. Jh. Treffpunkt deutscher Dichter. In der behaglichen Atmosphäre eichenholzgetäfelter Zimmer und Stübchen genießt man die vielfach prämierte Küche.

Rheinromantiker unternehmen eine 15-minütige Fahrt mit der *Sesselbahn (tgl. 10–17.30 Uhr | hin und zurück 6,50 Euro)* zum Jagdschloss Niederwald: Die Altstadt von Assmannshausen, das Rheintal und die gegenüberliegende Burg Rheinstein liegen einem dann zu Füßen. *www.seilbahn-assmannshausen.de*

BURGRUINE EHRENFELS [116 C6]

Die Ruine thront wenige Kilometer westlich von Rüdesheim hoch über dem Rhein zwischen Weinbergsteillagen – ein Lieblingsmotiv der Fotografen. Die 1220 vom damaligen Mainzer Erzbischof erbaute Burg war Teil eines Schlosses, das 1689 im Verlauf des 30-jährigen Kriegs niedergebrannt wurde. *1,5 km westl. des Niederwalddenkmals, zu erreichen über einen Fußweg oder über einen von der Oberstr. abzweigenden Weg (ca. 2,5 km)*

LORCH [116 B3]

Das zwischen Rüdesheim (15 km) und Kaub gelegene Städtchen (4700 Ew.), durch das die hier in den Rhein mündende Wisper fließt, bietet im Stadtbild zahlreiche lohnende Entdeckungen. Man blickt zurück auf eine knapp 1000-jährige Weinbautradition. Sehenswert ist das 1548 direkt am Rhein erbaute *Hilchenhaus*. Kräftige, den Erker tragende Säulen und dekorative Sandsteinbauteile prägen den bedeutenden Renaissancebau. Die zweischiffige gotische Pfarrkirche *St. Martin* besitzt einen aus 1483 stammenden, kunsthistorisch bedeutenden Hochaltar. Das *Städtische Verkehrsamt (Rathaus, Markt 5 | Tel. 06726/18 15 | Fax 18 44 | www.lorch-rhein.de)* hält Informationsmaterial und Broschüren bereit. Japanisch inspirierte Küche und eigene Weine findet man in der Gutsschenke des *Weinguts Ottes (Mitte Feb.–Anfang Mai Fr ab 17, Sa/So ab 15 Uhr | Binger Weg 1 a | Tel. 06726/83 00 83 | www.weingut-ottes.de)*.

Ein herrlicher Ausflug führt von Lorch ins Wispertal; unterwegs laden zahlreiche (Rund-)Wanderwege zum Spazierengehen und Cafés und Restaurants zu einer stilvollen Pause ein.

Abendstimmung am Rhein: Schiffsanleger bei Lorch

Empfehlenswert sind die *Kammerburg (Ostern–Weihnachten tgl. 11 bis 18 Uhr | Im Wispertal 8 | Tel. 06726/ 94 15 | www.kammerburg.de | €€),* eine aus Natursteinen erbaute Villa, und die *Alte Villa (Di/Mi und abends geschl. | Tel. 06726/12 62 | www.altevilla.net | €€),* ein unter dichten Bäumen im Wispertal versteckt gelegenes Café mit angeschlossener Kunstgalerie. Es lohnt sich, die Website zu besuchen, um rechtzeitig über geplante Konzerte und Kurse (u. a. Fotografie) informiert zu sein.

MÄUSETURM [116 C6]

Die kleine, auf dem Weg nach Assmannshausen etwa auf Höhe der Burgruine Ehrenfels im Rhein gelegene Burg wurde Anfang des 14. Jhs. als Wachturm der Zollburg Ehrenfels errichtet; der Name leitet sich ab von der Bezeichnung für Zoll (Maut). Der Mitte des 19. Jhs. wieder aufgebaute Turm diente den Rheinschiffen lange als Signalstation.

KLOSTER ST. HILDEGARDIS [117 D5]

Die Benediktinerinnenabtei oberhalb von Rüdesheim wurde 1904 gegründet. Die historischen Wurzeln des im neoromanischen Stil erbauten Klosters reichen zurück ins 12. Jh., als Hildegard von Bingen hier ein Kloster gründete. Noch heute leben die Schwestern in der Tradition der Heiligen. Die wissenschaftliche Beschäftigung mit dem Leben der Klostergründerin gehört ebenso zu ihren Aufgaben wie die Betreuung der Pilger und Wallfahrer, die auf den Spuren der hl. Hildegard das Kloster besuchen. Zu einem Gastaufenthalt und zu Exerzitien sind Besucher jederzeit willkommen. Nach der Benediktusregel „Erst dann sind sie wahre Mön-

> BLOGS & PODCASTS

Gute Tagebücher und Files im Internet

- > *www.longroad.de/tag/Rheingau* – auf dieser privaten Site finden sich Blogs und touristische Berichte, z. B. zum Oestricher Kran oder der Antonius-Kapelle, und viele Beiträge rund ums Geocaching
- > *www.rheingaudailyphoto.blogspot.com* – der Fotoblog führt aktuell zu den touristischen Glanzpunkten des Rheingaus
- > *www.wiesbaden-blog.de* – hier findet man Hinweise in der Rubrik Freizeit und Events; leider nur sporadisch gepflegt
- > *www.weingut-jonas.de* – Interessantes aus dem Gutsalltag, etwa zu Eiswein, Federweißem und Winzersekt, erfahren Sie im Blog auf dieser Website
- > *www.wiesbaden.eins.de* und *www.rheingau.eins.de* – Hier können Sie monatlich einen Podcast zu Kuriosem, Events und Entertainment herunterladen
- > *http://tagebuch.aol.de/wolfsland/AUSLIEBEZUMRHEINGAU* – ein politischer Blog mit Neuigkeiten aus der alternativen Szene

Für den Inhalt der Blogs & Podcasts übernimmt die MARCO POLO Redaktion keine Verantwortung.

che, wenn sie von der Arbeit ihrer Hände leben" verdienen die Schwestern in klostereigenen Betrieben und Werkstätten ihren Lebensunterhalt und den Erhalt des Klosters. Im eigenen Weingut wird umweltschonender Weinanbau betrieben (Riesling, Spätburgunder, Sekt und Klosterlikör). Im Klosterladen verkaufen die Schwestern ausgesuchte Literatur, Kalender und Kerzen sowie Dinkelprodukte. *Klosterweg 1 | Rüdesheim/Eibingen | Tel. 06722/49 90 | www.abtei-st-hildegard.de*

Über einem Meer aus Reben erheben sich Kirche und Kloster St. Hildegardis

ROMANTIKTOUR [116–117 C–D 5–6]

„Rheinromantik im Unesco-Welterbe Oberes Mittelrheintal genießen" ist das Motto einer abwechslungsreichen Ausflugstour, die zudem noch für wenig Geld zu haben ist. Die Tour startet z. B. mit einer Seilbahnfahrt von Rüdesheim zum Niederwalddenkmal. Anschließend wandert man, vorbei an zahlreichen Aussichtspunkten, zum Jagdschloss Niederwald. Dort nimmt man die Sesselbahn ins Rotweinstädtchen Assmannshausen. Mit einem Schiff geht es weiter zur Burg Rheinstein auf der anderen Rheinseite. Nach der Besichtigung des Kulturdenkmals, 50 m über dem Rhein in eindrucksvoller Lage, geht es weiter per Schiff nach Rüdesheim, vorbei am Mäuseturm und der Ruine Ehrenfels. *April–Okt. | 12 Euro | Tickets bei jeder der teilnehmenden Stationen*

> BÄDERKULTUR IM TAUNUS

Schlamm, Ziegenmilch und Molke: Wo Zaren und Grafen kurten, blüht heute das moderne Wellnessangebot

> Kaiserin Elisabeth von Österreich, genannt Sissi, Theodor Fontane und Theodore Roosevelt gehörten zu den prominenten Besuchern der Taunusbäder.
Schon seit vier Jahrhunderten nutzen Kurgäste die heilsamen Quellwasser in der waldreichen Umgebung zwischen Rheingau und Taunus. Auf der Fahrt über die Bäderstraße passiert man die Kurstädte Wiesbaden, Schlangenbad, Bad Schwalbach und Bad Ems.

Bild: Mooranwendung in Schlangenbad

BAD SCHWALBACH

[118 C1] **Der größte Schatz des Ortes kommt aus der Erde: kaltes, mit Kohlensäure versetztes Wasser, reich an Eisen, Magnesium und Kalzium.** Quellen prägten die Entwicklung des Orts Langenschwalbach zur Kurstadt (11 000 Ew.). Mit der Entdeckung des Weinbrunnens und dessen Heilwirkungen

TAUNUS

begann 1569 der Aufstieg des Taunusstädtchens. Langenschwalbach wurde zu Bad Schwalbach und avancierte zum Modebad für gekrönte und ungekrönte Häupter. 1905 erfolgte, ganz in der Nähe des Kurparks, die Eröffnung des Moorbadehauses. Eine eigens auf einem anderthalb Kilometer langen Schienenweg errichtete Moorbahn transportierte den gesundheitsfördernden Moorschlamm aus den Moorgruben in die Stadtmitte. Erst 1991 wurde sie eingestellt und der Transport auf Lastwagen übertragen. Dank der Aktivitäten des bald darauf gegründeten Bad Schwalbacher Kurbahnvereins ziehen die roten Waggons aber an Sonn- und Feiertagen zur Freude der Passagiere wieder ihre Runde.

Von den fünf in Bad Schwalbach ansässigen Kliniken bietet die Montanus-Klinik ein breites physikalisch-therapeutisches Programm für Herz-

und Kreislauferkrankungen. „Beauty und Wellness" heißt das Angebot der Stadt, das zahlreiche individuell zusammenstellbare Anwendungen umfasst. Ob Naturmoor- und Algenpackungen, Wassertreten in der Kneippanlage oder Bäder in Ziegenmilch: Bad Schwalbach verlassen die Besucher zumeist gesünder und auch

Schätze und allerlei Kurioses zeigt das Apothekenmuseum von Bad Schwalbach

eine Spur schöner, als sie gekommen sind.

SEHENSWERTES

ALLEESAAL

Das einstige Hotel de la Promenade war im 19. Jh. das Juwel des glanzvollen Kurorts: Kaiserin Elisabeth von Österreich, die russische Zarin Marie – alle berühmten Kurgäste stiegen hier ab. Heute befindet sich in den restaurierten Gesellschaftsräumen die Kurverwaltung. *Mo–Do 8 bis 12 und 13.45–15.45, Fr 8–13 Uhr | Am Kurpark 1 (Eingang Goetheplatz) zistr. 16a*

KURBAHN

Die historische Moorbahn (heute allerdings in freundlichem Rot statt des früheren Anstrichs in moorigem Schwarzbraun) führt auf 600 mm Spurweite 1,3 km durch den Kurpark zur Moorgrube Gerstruthtal. *April bis Okt. So 10.30–17.20 Uhr etwa stdl. | 4 Euro hin und zurück | www.kurbahn.info*

KURHAUS ★

Einem italienischen Palazzo ähnelt das zwischen 1873 und 1879 vom

Wiesbadener Architekten Philipp Hoffmann im Stil der Renaissance errichtete Bauwerk. Im prunkvollen Rahmen des mit Stuck und Marmor gestalteten Großen Saals und seiner angrenzenden Räume finden heute zahlreiche kulturelle Veranstaltungen statt. *Zugänglich bei Veranstaltungen und im Rahmen einer Stadtführung | Goetheplatz 4*

KURPARK ★

Im Frühling leuchten Osterglocken und Narzissen, im Sommer erfreut das dichte Blätterdach der alten Bäume, im Herbst die farbenfrohe Laubfärbung und die vielen zahmen Eichhörnchen. Wenn es kalt wird, taucht Raureif alles in einen Wintertraum. Der Kurpark ist das ganze Jahr über bezaubernd. Am Eingang des Parks liegt das Stahlbadehaus, ein Bauwerk im klassizistischen Stil. Hier nimmt man die gesundheitsfördernden Kohlensäurebäder. Das Wasser stammt vom Stahlbrunnen (im Landschaftspark gelegen), dessen Wasser – wie der Name bereits andeutet – eine überaus hohe Eisenkonzentration aufweist. Die gepflegten Parkanlagen finden ihre Ergänzung im angrenzenden Landschaftspark.

KUR-STADT-APOTHEKEN-MUSEUM

Insider Tipp

Größter Schatz der liebevoll zusammengetragenen Sammlung ist die rekonstruierte Adlerapotheke mit Verkaufsraum, Labor und Drogenkammer sowie ein paar Kuriositäten wie versilberten Tabletten für zahlungskräftige Kunden. Das Untergeschoss beherbergt das Stadtarchiv. *April bis Okt. Mi–So 14–18, Nov.–März Mi, Sa, So 14–18 Uhr | 2 Euro | Pestalozzistr. 16 a | www.museum-bad-schwalbach.de*

MARTIN-LUTHER-KIRCHE

Die schlichte, 1492 erbaute Kirche zeigt die Stilelemente der Spätgotik. Sie gilt als ältestes Bauwerk der Stadt. Das Innere beherbergt aufwendige, auf Holz gefertigte Malereien. Die historische Orgel wurde 1846 von der berühmten Orgelbauerfamilie Stumm aus Rhaunen-Sulzbach gebaut. *Adolfstr. 145*

ROTHENBURGER SCHLÖSSCHEN ★

Die große Fachwerkanlage umgibt einen wunderschönen Renaissanceinnenhof, von dem aus die Gestaltung der Wände besonders gut zu sehen ist. 1602–1604 erbaut, diente die Residenz den Landgrafen von Hes-

MARCO POLO HIGHLIGHTS

★ Kurpark
Der Park im Herzen der Kurstadt Bad Schwalbach lädt zu Spaziergängen ein (Seite 85)

★ Kurhaus
An feudale Glanzzeiten knüpft das Renaissancekurhaus in Bad Schwalbach an (Seite 84)

★ Rothenburger Schlösschen
Sehenswerter Fachwerkbau mit einem Innenhof aus der Renaissance (Seite 85)

★ Thermalfreibad
Jeden Tag neu wird das Schwimmbecken in Schlangenbad mit Thermalwasser gefüllt (Seite 91)

sen-Rotenburg als Amts- und Sommersitz und beherbergt heute das Amtsgericht (und ist zu dessen Dienstzeiten öffentlich zugänglich). *Mo–Fr 9–12 und 13.30–15.30 Uhr | Am Kurpark 12*

STADTFÜHRUNGEN

Eine gute Gelegenheit, auch das Kurhaus und die Martin-Luther-Kirche kennenzulernen, sind die Stadtführungen des des Verkehrsamts. *Fr 15 Uhr | Treffpunkt Alleesaal*

ESSEN & TRINKEN

GOLFHAUS

Auch Gäste ohne Handicap können das Café und Restaurant besuchen, denn das Fachwerkhaus gehört nicht zu einem Golfplatz, sondern liegt im Kurpark von Bad Schwalbach zwischen Minigolfanlage und Waldsee. *Mo geschl. | Kurpark | Tel. 06124/ 26 67* | €€

CAFÉ WAGNER

Ob nur auf einen schnellen Cappuccino oder zum ausgiebigen Brunch am Sonntagvormittag: Seit 125 Jahren werden Besucher hier umsorgt. Bei schönem Wetter werden auch draußen Tische gedeckt. Neben kleineren Gerichten große Auswahl an Patisserie und Kuchen (köstlich die Preiselbeertorte); auch zum Mitnehmen eine gute Adresse. *Abends geschl. | Brunnenstr. 41 | Tel. 06124/ 23 39* | €

ÜBERNACHTEN

EDEN PARC

Das Hotel im Bauhausstil besitzt eine beliebte Beautyfarm, die spezielle (Wochenend-)Arrangements anbietet, z. B. Ayurvedaprogramme. Auch medizinisch indizierte Behandlungen gehören zum Angebot. Die komfortablen Zimmer – teilweise mit Balkon zum Kurpark – und Suiten (60 bis 100 m^2) sind stilvoll, das Ambiente ist freundlich und persönlich. *93 Zi. | Goetheplatz 1 | Tel. 06124/ 70 40 | Fax 70 46 00 | www.eden-parc.de* | €€€

FÖHRENHOF

Eingebettet in dichten Wald liegt das gepflegte Anwesen. Den (Kur-)Gäs-

> WELLNESS IM TAUNUS

Eine Kur in Schlangenbad macht gesünder und schöner

Das berühmte Quellwasser verspricht Linderung bei Hautkrankheiten, Rheuma sowie Kreislaufbeschwerden. In Schlangenbad eintreffende Kurgäste melden sich mit der Kurempfehlung ihres Heimatarztes bei einem niedergelassenen Badearzt. Dieser stellt einen Kurplan auf und trägt die empfohlenen Anwendungen in eine Verordnungskarte ein. Anschließend begibt man sich zu den Kassenschaltern der Kurverwaltung, die über die Abfolge der Behandlungen informiert. Diese erfolgen überwiegend in den Abteilungen für physikalische Therapie der Medizinischen Klinik. Neben Massagen stehen elektrotherapeutische, hydrotherapeutische und heilgymnastische Anwendungen auf dem Plan. *www.staatsbad.schlangenbad.de/ kur.html*

ten stehen behaglich eingerichtete Aufenthalts- und Fernsehräume, zwei Teeküchen und eine große, sonnige Terrasse zur Verfügung. *23 Zi. | Martha-von-Opel-Weg 28/Parkstr. 10 e | Tel. 06124/84 27 | Fax 61 82 | www.hotel-foehrenhof.de* | €

PENSION HAUS AM WEIHER

Es muss nicht gleich eine Woche sein, aber mehrere Tage sollte man schon buchen, sonst lohnt sich der Aufwand nicht. Die Ein- und Zweizimmerapartments bestehen aus Wohn- und Schlafzimmer, Küchenecke, Flur und Bad, untergebracht in einem sympathischen älteren Haus in ruhiger, grüner Lage. *7 Zi. | Badweg 7 | Tel. 06124/82 97 | Fax 597 10 | www.hausamweiher.de* | €

KAISERHOF

In freundlichem Sonnengelb strahlt das gegenüber dem Kurhaus gelegene Hotel mit beliebtem Restaurant und einer Weinstube. Die vielen Stammgäste schätzen auch die Sonnenterrasse und die regional ausgerichtete Küche. *30 Zi. | Goetheplatz 5–7 | Tel. 06124/40 61 | Fax 28 50 | www.hotel-restaurant-kaiserhof.de* | €€

VILLA HELENENHOF

„Schöner wohnen" in einer Jugendstilvilla am Kurpark. Rote Ledersofas, Schränke aus Birma und Batiken aus Thailand, Masken und Designerwaschtische in den Badezimmern. Für Gruppen ab zehn Personen sind japanische Teezeremonien, Sushipartys und exotische Kochkurse buchbar. *10 Zi. | Parkstr. 9 | Tel. 06124/40 45 | Fax 40 56 | www.villa-helenenhof.de* | €€

KUREN & WELLNESS

Das reichhaltige Angebot reicht von Honigmassagen zur „Harmonisierung der Aura" und Reinigungsbe-

Keine Risiken, keine Nebenwirkungen: Trinkbrunnen in Bad Schwalbach

handlungen bei unreiner Haut über die Cellulitebehandlung mit Schlick und Ganzkörperpeelings mit Meersalz und Sahne bis zu klassischen Moorbädern und -packungen. Wer seine Behandlung für den Dienstag oder Donnerstag vereinbart, spart bis zu einem Drittel der regulären Preise. *Tel. 06124/50 24 28*

AM ABEND

Der Veranstaltungskalender des Kurhauses ist reich bestückt. Auf dem Programm stehen Klavierkonzerte, Komödien, Musik- und Tanzshows. *Termine unter www.bad-schwalbach.de, Kartenbestellung und -vorverkauf Tel. 06124/50 20*

AUSKUNFT

STAATSBAD BAD SCHWALBACH

Parkstr. 12 (Moorbadehaus) | Tel. 06124/50 24 33 | Fax 50 23 51 | www.bad-schwalbach.de

ZIEL IN DER UMGEBUNG

RAMSCHIED [118 C1]

5 km westlich im idyllischen Wispertal liegt inmitten des Naturparks Rhein-Taunus dieses beschauliche Dörfchen. Zahlreiche Wanderwege führen am Fluss entlang und durch die Wälder, vorbei an Aussichtspunkten und weiteren kleinen Dörfern. Wer das heilsame Mittelgebirgsklima länger genießen möchte, quartiert sich ein im rustikalen *Gasthof Zum Wispertal (7 Zi. | Wisperstr. 1 | Tel. 06124/13 24 | Fax 601 41 | www.zum-wispertal.de | €).* Das angeschlossene Restaurant serviert geräucherte Wisperforelle und im Herbst köstliche Wildgerichte.

SCHLANGEN-BAD

[119 D2–3] **Das hessische Staatsbad (1000 Ew.) liegt idyllisch im engen Tal der Walluf.** Das Kurbad zieht seit mehr als drei Jahrhunderten Erholung suchende Gäste an, die die gepflegte und provinzielle Atmosphäre schätzen. Nachdem Schlangenbad 1693 als Staatsbad anerkannt war, entstand wenige Jahre später das erste Badehaus, vermutlich gespeist mit dem Wasser der sogenannten Römerquelle, die heute allerdings nicht mehr zugänglich ist.

Zwei mit zahlreichen prunkvollen Gebäuden bestandene Straßen und das Kurhotel bilden heute den Mittelpunkt. Entlang der Rheingauer Straße liegen Hotels und Pensionen für Kurgäste. Glanzpunkt der Schlangenbader Hotellerie und gesellschaftliches Zentrum des Orts ist das im Kurpark thronende Parkhotel. Im Sommer trifft man sich zu einem der vielen Freiluftkonzerte wie zum Tanzen oder bummelt durch den Park. Ausgedehnte Wanderwege führen durch die Taunuswälder.

Hervorragende Erfolge bei der Behandlung rheumatischer Erkrankungen hat man im modernen Zentrum für Rheumatologie, das deutschlandweit gerühmt wird. Wenig ansprechend ist leider der in den Siebzigerjahren errichtete Betonkasten der neuen Klinik. Hauptakteur bei vielen Behandlungen ist das Quellwasser: In Schlangenbad sprudelt es – höchst selten – warm (22–31 Grad) und „ohne alles“ aus der Erde, nämlich ohne Härtegrade, ohne Mineralien, ohne gelöste Salze.

ESSEN & TRINKEN

CAFÉ WALZ

Seit 1892: Die Trüffelspezialitäten des Konditormeisters Peter Walz locken die Kundschaft auch aus den umliegenden Dörfern ins Café. Kurgäste nehmen gerne draußen Platz, genießen die beschauliche Lage des

Hauses und die angebotenen Kuchen, Torten und Patisserien. *Tgl. 10–18 Uhr | Mühlstr. 16*

FELSENBURG

Das bei Kurgästen beliebteste Café: Seit 1871 werden hier täglich Kuchen und feine Patisserien gebacken, dazu serviert man Kaffee-, Tee- und Eisspezialitäten, bei gutem Wetter auch im Freien. *Mo–Fr 14–18, Sa/So 12–18 Uhr | Mühlstr. 15*

PARK-CAFÉ

Das große Park-Café im Kurgarten ist nicht zu übersehen – zu den Sitzplätzen im Inneren kommen etwa 200 Außenplätze. Beliebt sind das sonntägliche Frühstücksbuffet und die regelmäßigen Tanzteeveranstaltungen. *Tgl. 10.30–18 Uhr | In den Kolonnaden 5*

SCHLANGENKELLER

Fleisch- und Fischgerichte nach gutbürgerlicher Tradition genießt man in der großen Gaststube. In der Pilsstube werden lokale Biere gezapft, auf der Terrasse vor dem Restaurant serviert man kleine Gerichte. *Tgl. | Rheingauer Str. 39 | Tel. 06129/21 35 | www.restaurant-schlangenkeller.de* | €€

EINKAUFEN

SCHLANGENAPOTHEKE

In der Apotheke von Tanja Sinzig wird die in der Region bekannte, wegen ihrer Heilerfolge bei Hautleiden berühmte Schlangenbader Hautcreme hergestellt. *Rheingauer Str. 27*

ÜBERNACHTEN

GRÜNER WALD

In günstiger Kurlage gegenüber dem Thermalhallenbad und mit Liege-

Mit Kursaal: Parkhotel Schlangenbad im Kurpark

wiese, Sauna und Solarium. Im Restaurant *Bräustübl* serviert man Ihnen auf Wunsch Halb- oder Vollpension (auch Diätküche) auf der Terrasse und im Biergarten. Für Familien stehen oberhalb des Hauses in ruhiger Lage im angeschlossenen Gästehaus am Kurpark auch ein paar Zweizimmerapartments mit Küche zur Verfügung. *12 Zi. | Rheingauer Str. 33 | Tel. 06129/20 61 | Fax 20 92 | www.gruener-wald-schlangenbad.de | €*

> LOW BUDGET

- > Kostenlose Wanderungen (kein Spaziergang für Kinder) im Taunus bietet das Verkehrsbüro Bad Schwalbach dienstags um 13.30 (bis ca. 17) Uhr ab Alleesaalgebäude. Ein gemütlicher Spaziergang (90 Min.) zur Geschichte der Stadt findet freitags um 15 Uhr ab Alleesaalgebäude statt.
- > Das *Wambacher Mühlenmuseum (tgl. 7–22 Uhr | Bäderstraße (B 260) | www.wambachermuehlenmuseum.de)* im Landgasthaus Wambacher Mühle, einem Ausflugslokal mit kleinem Hotel bei Schlangenbad, zeigt rund 500 Exponate rund um die Mühle mit zahlreichen historischen Schleifsteinen. Mühlenbau und -funktionsweise, Handwerkskunst, Schmiede, Schusterwerkstatt und Apothekenutensilien ergänzen die Ausstellung – und der Eintritt ist frei!
- > Ab 17 Uhr kostet der Eintritt ins Thermalfreibad von Schlangenbad (geöffnet bis 20 Uhr) nur die Hälfte: 2,75 statt 5,50 Euro.
- > Das *Bistro (Rheingauer Str. 18)* in der Rheumaklinik von Schlangenbad serviert auf seiner schönen Terrasse günstiger als die umliegenden Cafés.

HAUS HAINBURG

Das aus Bruchsteinen im Stil einer neugotischen Villa errichtete Haus liegt inmitten eines Parks oberhalb des Schlangenbader Kurhauses am Waldrand. Zu den Ein- und Zweizimmerapartments gehört eine gut ausgestattete Küche. Lauschige Plätze gibt es im Garten, und für Kinder sind die Tischtennisplatte und der Spielplatz gedacht. Direkt am Haus führen zudem mehrere schöne Spazier- und Wanderwege vorbei. *5 Apartments | Omsstr. 2 | Tel. 06129/505 00 | Fax 50 50 50 | www.haushainburg.de | €*

RUSSISCHER HOF

Das große, familiär geführte Hotel liegt zentral gegenüber den Badeeinrichtungen. Ein reichhaltiges Frühstücksbuffet und nachmittags die hausgebackenen Kuchen in den Gasträumen erfreuen die Gäste. Mit eigenem Parkplatz. *21 Zi. | Rheingauer Str. 37 | Tel. 06129/506 70 | Fax 40 76 | www.russischer-hof.de | €€*

SCHLANGENBADER HOF

Modernes, auf Erholung und Wellness spezialisiertes Hotel. Der Wellnessbereich bietet Sauna, ein sogenanntes Odorium (einen Duftinhalationsraum), Solarium, Aromadampfbad, Whirlpools, eine „Erlebnisdusche“ und einen Fitnessbereich. *51 Zi. | Rheingauer Str. 7 | Tel. 06129/50 10 | Fax 50 11 11 | www.center-hotels.de | €€*

FREIZEIT & WELLNESS

AESKULAP THERME

Die zum Hallenbad gehörende Sauerstoff-Sole-Kabine *(20 Min. 5 Euro)* für zwei Personen bietet eine künstliche Meeresklimaatmosphäre. *Mo, Mi, Fr 11–21, Di, Do 11–18, Sa/So 9 bis 21 Uhr | Rheingauer Str. 18 | Eintritt 5,50 Euro | http://staatsbad.schlangenbad.de/thermalbaeder.html*

THERMALFREIBAD ★

Umgeben von alten Bäumen und weiten Grünflächen: 27 Grad warm und täglich frisch läuft das Thermalwasser ins Becken des Freibads, das bereits 1928 eröffnet wurde. Der säulengeschmückte Eingang erinnert an die damalige Epoche. Massageeinrichtungen erfreuen Erwachsene, für Kinder gibt es ein eigenes Becken. Und dank der Saunalandschaft ist Ganzjahresbetrieb gewährleistet. *Tgl. 8–20 Uhr | 5,50 Euro | Adelheidtal*

Ob Hitze oder Hagel, Sonne oder Schnee: Im Thermalbad hat das Wasser angenehme 27 Grad

INA KOSMETIK

„Schönheit von Kopf bis Fuß" lautet die Devise des Salons. Neben kosmetischen Gesichts-und Körperbehandlungen werden auch „Schönheitswochen" angeboten, bei denen täglich neuen Problemzonen zu Leibe gerückt wird. *Mühlstr. 12 | Tel. 06129/25 67*

AUSKUNFT

STAATSBAD SCHLANGENBAD

Rheingauer Str. 18 | 65388 Schlangenbad | Tel. 06129/48 50 | Fax 48 54 | www.schlangenbad.de

> ÜBER HÜGEL UND TÄLER MIT BLICK AUF DEN RHEIN

Und dazu ein Abstecher stromabwärts ins unescogeschützte Mittelrheintal

Die Touren sind auf dem hinteren Umschlag und im Reiseatlas grün markiert

1 RHEINGAUER RIESLING-RADWANDERWEG

Der 25 km lange Radweg von Walluf nach Rüdesheim verbindet die bekannten Weinlagen des Rheingaus. Eine Tagestour führt von Niederwalluf über Eltville, Kiedrich, Kloster Eberbach, Hallgarten, Oestrich-Winkel, Johannisberg und Geisenheim nach Rüdesheim. Der Weg ist leicht befahrbar, bei Regen jedoch an manchen Stellen schlammig, an anderen steinig.

Bild: Rheinuferweg bei Oestrich

In **Niederwalluf** *(S. 51)* beginnt die Beschilderung (R 3) am Rheinufer vor dem Gemeindehaus. Am Wochenende werden Radfahrer wegen der vielen Wanderer allerdings gebeten, bis vor Eltville den Radweg an der B 42 zu benutzen. Nahebei liegt auch die Fähre für Fußgänger und Radfahrer nach Budenheim auf der anderen Rheinseite.

Auf dem Leinpfad, teilweise Rheinuferpromenade, teilweise Rad-

AUSFLÜGE & TOUREN

und Fußweg, führt der Weg zunächst nach Eltville. Auf der rechten Seite ist das Ufer steil, hier liegen die Parks und Gärten herrschaftlicher Häuser sowie bereits die ersten Weinparzellen. Nachdem Sie die Anlegestelle der Rheinschiffe passiert haben, ist der Platz von Montrichard in **Eltville** *(S. 42)* erreicht. Hier genießt man die schöne Rheinpromenade und nutzt die Gelegenheit zu einer Erfrischung.

Anschließend geht es durch die Martinsgasse und die Marktstraße mit einigen der schönsten Häuser der Stadt und durch eine Fußgängerzone zur Landstraße nach Kiedrich. In der Ferne sieht man die Burgruine Scharfenstein aus dem 13. Jh. in die Höhe ragen. Die Straße überquert die B 42 und steigt dann 2 km leicht an, bis **Kiedrich** *(S. 53)* erreicht ist.

Hier fahren Sie am besten nicht – wie vorgesehen – geradeaus weiter

Richtung Kloster Eberbach, sondern zweigen rechts ab in den Ort und fahren hinauf zum Marktplatz. Dort lohnen das hübsche Rathaus und die Kirche St. Valentinus einen Besuch.

Dann verlassen Sie Kiedrich am westlichen Ortsausgang. Nach 2 km tauchen in einer engen Kurve zwei Einfahrten zum **Kloster Eberbach** *(S. 57)* auf; nimmt man die zweite, gelangt man direkt zum Garten der Klosterschenke. Nach Besichtigung des Klosters geht es, vorbei an der **Domäne Steinberg,** wo sich meist ein Wein probieren lässt, hinab Richtung Hattenheim. Doch schon nach 500 m zweigt rechts ein geteerter Weg ab zur **Domäne Neuhof,** einem Ensemble höchst stilvoller historischer Gebäude, die heute einen privaten Pferdestall beherbergen. Werfen Sie einen Blick in den hübschen Hof!

Der Radweg führt nun an der alten Mauer der Domäne und durch Hattenheimer Weinlagen am Südrand von Hallgarten entlang. Zum Ort gehört die schöne Siedlung Am Rebhang. Dort kann, wer die Tour auf zwei Tage ausdehnen will, im Hotel **Zum Rebhang** *(14 Zi. | Rebhangstr. 53 | Tel. 06723/ 21 66 | Fax 18 13 | www.hotel-zum-rebhang.de | €€)* übernachten.

Von Hallgarten geht es durch diverse Weinlagen nach **Oestrich-Winkel** *(S. 59)* Dort bietet sich die Besichtigung der St.-Ägidius-Basilika an. Der Radweg führt dann südlich von **Johannisberg** – man sieht das **Schloss** *(S. 70)* in der Höhe liegen – durch Weinberge und am Nordrand von **Geisenheim** *(S. 65)* entlang nach **Rüdesheim** *(S. 72)*. Dort können Sie samt Fahrrad in die Regionalbahn zurück nach Wiesbaden steigen.

2 UNTERWEGS IM MITTELRHEINTAL

Seit 2002 gehören die 65 Flusskilometer von Rüdesheim bis Koblenz, das obere Mittelrheintal, zu den gut 600 Einträgen, die die Unesco auf ihrer Liste des „Erbes der Menschheit" verzeichnet. Wer in der Region unterwegs ist, sollte nicht versäumen, auch den Rheinwindungen zu folgen, die nördlich von Lorch – hier endet der Rheingau – liegen. In den einzelnen Burgen am Rhein und im Tourist-Center von Rüdesheim erhält man ein Burgenticket (15 Euro), das in insgesamt zehn Burgen Eintritt gewährt.

Nachdem Sie **Lorch** *(S. 79)* und den Stadtteil Lorchhausen passiert haben, befinden Sie sich im Bundesland Rheinland-Pfalz. Wenn bei Kaub die mächtige Burg **Pfalz im Rhein** (auch **Pfalzgrafenstein** genannt) in den Blickwinkel rückt, nähern Sie sich einem der schönsten Abschnitte des Flusstals. Einem weißen Ausflugsdampfer nicht ganz unähnlich, thront das Bauwerk inmitten des Flusses auf einer winzigen Felseninsel, genannt Falkenau. Die berühmte Pfalz im Rhein, auf ungezählten Kupferstichen vergangener Jahrhunderte verewigt, wurde Anfang des 14. Jhs. als Zollturm errichtet, der an sechs Seiten durch eine rund 12 m hohe Mauer mit umlaufendem Wehrgang und kleinen Rundtürmen an den Ecken befestigt wurde. Das heutige Aussehen stammt aus späteren Jahrhunderten; so entstand z. B. die barocke Turmhaube im 18. Jh. Das Dörfchen **Kaub** erhielt seinen Namen nach der Burg, die hoch über den Häusern zwischen den terrassierten Weinbergen thront. Seit dem 16. Jh. hat sich

Das Graue Haus in Oestrich-Winkel gilt als das älteste Steinhaus in Deutschland

für die wehrhafte Anlage der Name **Gutenfels** eingebürgert. Heute wird in dem Bauwerk ein Hotel betrieben.

Gegenüber von Kaub liegt wenige Kilometer flussabwärts die **Ruine Schönburg** bei Oberwesel. Auf der rechten Rheinseite folgt bald der Felsen der **Loreley**, in vielen Sagen erwähnt, von Heinrich Heine in eine Ballade gefasst, die später auch zu einem Volkslied wurde: „Ich weiß nicht, was soll es bedeuten, dass ich so traurig bin, ein Märchen aus uralten Zeiten, das kommt mir nicht aus dem Sinn." 130 m ragt das Gestein über den Rhein, der sich an dieser Stelle stark verengt.

Es folgen **St. Goarshausen** und die hoch gelegene **Burg Katz**, 1371 von Graf Johann von Katzenelnbogen erbaut. Gegenüber erblickt man St. Goar und die Ruine Rheinfels. Weiter geht es zur **Burg Maus** aus dem 14. Jh. und kurz darauf in das Dörfchen **Kestert.** Es folgen die hoch oben thronenden Burgen **Sterrenberg** und **Liebenstein.** Die Bundesstraße führt weiter nach Kamp-Bornhofen und Filsen, wo der Rhein für wenige Kilometer eine starke Biegung nach Osten macht. Ein weiterer Höhepunkt der Tour ist **Braubach.** Die dortige *Marksburg* ist Insider Tipp eine auf das frühe 13. Jh. zurückgehende Anlage. Eine Besichtigung ist auch für Familien mit kleineren Kindern interessant, da die Marksburg umfassend restauriert wurde und man überall sicher gehen kann.

In **Lahnstein,** hervorgegangen aus den beiden nördlich und südlich der Lahn liegenden Orten Nieder- und Oberlahnstein, liegt die als Wasserburg im Tal geplante **Martinsburg,** zu erkennen an ihrem dominanten, fast 30 m hohen Hauptturm an der Südseite der Anlage. Hoch oben über dem Lahntal thront **Burg Lahneck,** die um 1240 zur Sicherung eines Silberbergwerks angelegt wurde. Diverse Restaurierungen im Lauf der Jahrhunderte veränderten das Aussehen der Burg, deren reiche kunsthistorische Kollektionen eine Besichtigung lohnen.

Schließlich erreichen Sie **Koblenz.** Hier, an der Moselmündung, ist die

mächtige Verteidigungsanlage **Ehrenbreitstein** ein weiterer kunsthistorischer Höhepunkt der Tour. Untergebracht sind in dem eindrucksvollen Bauwerk auch mehrere Museen sowie ein Café.

3 AUF DER RHEINGAUER RIESLING-ROUTE

Diese Autorundtour von Wiesbaden-Biebrich aus ist recht gut beschildert und führt abseits der viel befahrenen B 42 nicht nur durch die Rieslingweinlagen, sondern im Zickzackkurs auch zu den kleinen Weinorten und den architektonischen, kulturellen und landschaftlichen Höhepunkten des Rheingaus. Wenn man sich nirgends zu lange aufhält, kann man die gesamten 60–70 km durchaus an einem Tag bewältigen. Zu empfehlen ist es aber, sich mehr Zeit zu nehmen und mindestens eine Übernachtung einzuplanen.

Startet man im Wiesbadener Stadtteil **Biebrich** *(S. 33)* am Rhein, dann fährt man auf der B 42 erst nach Schierstein und weiter nach **Niederwalluf** *(S. 50)* und biegt danach von der Strecke nach Eltville rechts ab und fährt durch Oberwalluf zur Bäderstraße B 260. Diese führt zunächst nach **Martinsthal** *(S. 50)*. Entlang der Haupt- und der Kirchstraße liegen die 1429 errichtete Kirche sowie zahlreiche historische Fachwerkhäuser. Zu den bemerkenswerten Exemplaren gehört das Hotel und **Weinhaus Zur Krone** *(Hauptstr. 27)*, das unübersehbar an der Straßenkreuzung thront. Das Obergeschoss trägt üppiges Sichtfachwerk und weist zur Giebelseite hin einen Erker auf.

Ein Abstecher (3 km) schlängelt sich von Martinsthal über Serpentinen hinauf nach Rauenthal *(S. 50)*. In angenehmer Höhen- und deshalb auch Aussichtslage gibt es weniger Besucher, jedoch nicht minder viel zu sehen. Im Ortskern befinden sich mehrere prächtig restaurierte Fachwerkhäuser. Schmuckstück ist der *Antoniushof*, ein 300-jähriges Fachwerkhaus und in der zehnten Generation Stammsitz der Winzerfamilie Rußler. Gäste ihres **Gutsausschanks** *(Mi–Sa ab 15.30, So ab 12 Uhr | Antoniusgasse 11 | Tel. 06123/716 08 | www.weingut-antoniushof.de | €€)* kommen in den Genuss prämierter Riesling- und im Eichenholzfass ausgebauter Burgunderweine. Die Sitzplätze im schönen Garten sind stets gut besetzt. Anschließend verläuft eine kurze Strecke abwärts nach **Eltville** *(S. 42)*, dessen Zentrum und Rheinpromenade einen ausgedehnten Spaziergang wert sind.

Insider Tipp

Von Eltville geht es hinauf nach **Kiedrich** *(S. 53)*, wo Sie das Rathaus und die Valentinuskirche im Zentrum erblicken. Am anderen Ende des Orts führt die Straße zum **Kloster Eberbach** *(S. 57)*, das eine ausführliche Besichtigung verdient. Eine Pause empfiehlt sich anschließend im Garten der Klosterschenke – es sei denn, Sie wollen im nächsten Ort **Hattenheim** *(S. 51)* eines seiner drei Gourmetrestaurants besuchen.

Hattenheim verlassen Sie westwärts zum **Schloss Reichartshausen** und fahren hinauf nach **Hallgarten** *(S. 63)* und weiter zur **Hallgartener Zange** *(S. 63)*. Dann geht es wieder hinunter und auf schmaler Durchgangsstraße durch die Orte **Oestrich** *(S. 59)*, **Mittelheim** und **Winkel** *(S. 59)*, die am Rhein liegen.

Assmannshausen ist ein geeigneter Pausenort auf der Riesling-Route

Anschließend führt die Route von Winkel hinauf nach **Johannisberg** *(S. 70)*. Wieder hinunter nach **Geisenheim** *(S. 65)* und weiter nach **Rüdesheim** *(S. 72)*, lässt sich von dort das **Niederwalddenkmal** *(S. 74)* auch mit dem Auto erreichen. Oben kann man vom Denkmal einen Ausflug per Kabinenbahn nach Rüdesheim oder etwas weiter mit der Sesselbahn nach **Assmannshausen** *(S. 78)* unternehmen. Die Straße der Riesling-Route führt über Aulhausen nach Assmannshausen am Rhein und an dessen Ufer weiter nach **Lorch** *(S. 79)*.

EIN TAG RUND UM WIESBADEN

Action pur und einmalige Erlebnisse.
Gehen Sie auf Tour mit unserem Szene-Scout

BREAKFAST IN STYLE

9:00

Nussbaumholz, weißes Leder und viel Glas – die *Nova Lounge* setzt nicht nur Maßstäbe in Sachen Style, sondern hat auch den leckersten Kaffee der Stadt. Dazu einfach den Tagesfavoriten aus der Frühstückskarte wählen und schlemmen. **WO?** *Luisenplatz 2 | Wiesbaden | Tel. 0611/308 87 75 | www.nova-lounge.de*

11:00

DEM HIMMEL SO NAH

Schon aufgeregt? Am Vormittag wagt man den Tandemflug über das Nahetal. Das Fluggelände liegt nur ca. 45 Minuten von Wiesbaden entfernt. Mit Paraglide-Profi André Haas gehts erst auf den Berg, dann heißt es anlaufen und abspringen. Der Blick aus der Vogelperspektive ist sagenhaft. **WO?** *Abflug rund um Bad Sobernheim | Schule: Fliednerstr. 76 | Wiesbaden | Anmeldung unter Tel. 0172/611 99 48 | Kosten: ab 39 Euro | www.airsport.at*

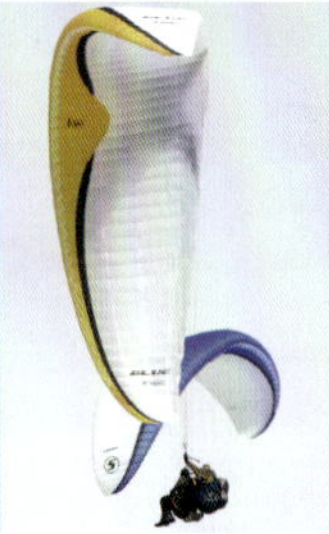

WEINTANKSTELLE

13:00

Auf zu Anthony Hammond, denn der Winzer wartet mit einer Überraschung. Jetzt gibts eine Weinprobe der anderen Art: das Dark-Room-Tasting im stockdunklen Tonnengewölbe. Dabei entdeckt man den Wein mit allen Sinnen neu. Für Hungrige gibts danach Leckereien aus Anthonys Picknick-Werkzeugbox wie z. B. Ökoschafskäse. **WO?** *Friedensplatz 12 | Oestrich-Winkel | Tel. 06723/60 33 40 | www.garage-winery.com*

14:30

KUNSTVOLL

Der Nachmittag wird kreativ: Beim Malworkshop im Weinberg verrät Malerin Brigitte Wachendorff die besten Techniken. Spannend, wenn die Atmosphäre der Region in die eigene Formensprache übersetzt wird und man mit Techniken wie Kreide, Graphit oder Aquarell experimentieren kann. **WO?** *Hauptstr. 29 | Hattenheim | Tel. 06723/56 97 | www.malerei29.de*

24 h

FREI WIE DER WIND

16:00

Der Taunus oberhalb vom Rheintal ist wie geschaffen für einen Ausritt. Ausgangspunkt ist der *Falkenhof* von Franz Keller. Mit Power in den Sattel schwingen und lostraben – über sanfte Hügel und durch dichte Wälder. **WO?** *Falkenhof | Heidenrod-Dickschied | Tel. 06723/79 82; oder Reittherapeutin Frau Breimesser | Tel. 0174/999 02 14 | www.franzkeller.de*

19:00

ÜBER DEN REBEN SCHWEBEN

So romantisch ... Mit der Seilbahn zu zweit über die Weinberge schweben. Wenn die Lichter der nahen Stadt in die Gondel scheinen, ist dies die perfekte Zeit für eine Liebeserklärung. **WO?** *Seilbahn Rüdesheim | Oberstr. 37 | Anmeldung unter Tel. 06722/24 02 | Kosten außerhalb der Betriebszeit: 180 Euro/Std. plus Personenfahrpreis | www.seilbahn-ruedesheim.de*

ESSEN WIE BEI FREUNDEN

20:00

Schlemmen steht auf dem Programm. Am besten im *Einhauser.* Bei entspannter Esszimmer-Atmosphäre wird das sensationelle Essen zum besonderen Erlebnis. Unbedingt das Rinderfilet in Thymian-Senf-Vinaigrette probieren. Ein Genuss, der auf der Zunge zergeht! **WO?** *Nerostr. 33 | Wiesbaden | Tel. 0611/174 78 72 | So/Mo geschl.*

23:00

PARTY PUR

Im *Tollhaus* geht die Party ab. Zuerst einen Drink in der Cocktailkellerbar holen, dann ab auf die Tanzfläche. Die Stimmung ist heiß und der Sound genial. Da heißt es durchhalten bis zum nächsten Morgen. **WO?** *Siemensstr. 1 | Wiesbaden | Tel. 0611/707 40 | www.tollha.us*

> IM, AM ODER AUF DEM WASSER

Zum Mountainbiken, Segeln und Inlineskaten lädt der Rheingau ebenso ein wie zu einer klassischen Dampferfahrt auf dem Rhein

> Mit seiner vielseitigen Landschaft lädt der Rheingau vom zeitigen Frühjahr bis in den späten Herbst zu zahlreichen sportlichen Betätigungen im Freien ein.

INLINESKATEN

Im August findet jedes Jahr mit ▶▶ Insider Tipp *Rhine on Skates* *(www.rhine-on-skates.de)* Deutschlands längste Inlinertour statt, die auf 135 km von Rüdesheim über Koblenz nach Bingen führt. An mehreren Wochenenden zwischen Mai und August werden in Wiesbaden *Skate-Nights* *(www.w-n-s.de)* veranstaltet, zu denen Hunderte von Skatern zusammenkommen, um ungestört von Autos durch die Innenstadt zu gleiten. Im Rheingau führt eine beliebte Skaterstrecke entlang einem asphaltierten Radweg parallel zur Landstraße vom Eltviller Ortsausgang nach Niederwalluf. Dort wendet man sich nach rechts zum Rheindamm, wo man am Vogel-

Bild: Rhein bei Wiesbaden

SPORT & AKTIVITÄTEN

schutzgebiet entlang und vorbei an Storchennestern Richtung Schiersteiner Hafen fährt.

KLETTERN

Im *Kletterwald Neroberg (Mitte März–Nov. Mi–Fr 13–20, Sa/So 9 bis 20 Uhr | 3 Std. 18 Euro | Neroberg | Bus 1: Nerotal, dann Nerobergbahn | www.kletterwald-neroberg.de)* in Wiesbaden gibt es zwei Übungs- und sechs große Parcours mit unterschiedlicher Höhe und Schwierigkeit. Gurt, Helm und Cowtails werden gestellt.

MOUNTAINBIKEN

Der hügelige Rheingau mit seinen vielen Waldwegen und schmalen Pisten zwischen den Weinlagen ist ein ideales Revier für Mountainbiker. Der Rheingauer Mountainbikeclub *Red Pulse (Jakobstr. 5 | Oestrich-Winkel | Tel. 06723/16 67 | www.redpulse.de)* organisiert zahlreiche

> EIN FÜLLHORN AN MÖGLICHKEITEN

Ob als Burgfräulein oder Rheinschiffer – die Region bietet Erlebnisse, die Phantasie und Intellekt der Kinder anregen

> Burgen und Schlösser, eine Schiffstour auf dem Rhein, Ponyhof und Adlerwarte, auf den Spuren der Römer in Wiesbaden, ein „Erfahrungsfeld der Sinne", ein Erlebnispark mit Wildwasser- und Achterbahn – Wiesbaden und der Rheingau bieten 1001 Möglichkeit für Kids und Jugendliche.

WIESBADEN

ERFAHRUNGSFELD DER SINNE [120 A3–4]

Lernen mit allen Sinnen: Durch eigene Aktivitäten und Experimente erfahren Kinder, wie das Auge sieht, das Ohr hört, warum Feuer heiß ist und vieles mehr. *Di–Fr 9–18, Sa/So 12–18 Uhr | 10 Euro, Kinder (7–17 Jahre) 6 Euro bzw. (3–6 Jahre) 4 Euro | Schloss Freudenberg | Freudenberger Str. 222 | Bus 23, 24: Märchenland | www.schlossfreudenberg.de*

FASANERIE [120 A2] Insider Tipp

Der bereits 1745 als Jagdrevier angelegte Tier- und Pflanzenpark ist ein

MIT KINDERN REISEN

beliebtes Wochenendziel für Familien. Picknicktische laden zu Pausen ein, es gibt Tiere zum Anfassen, naturnah konzipierte Spielplätze, einen kleinen Teich sowie Tiere aus dem europäischen Lebensraum in weiten Gehegen. Zu empfehlen sind die naturkundlichen Führungen für Kinder und Jugendliche. *Nov.–März tgl. 8 bis 17, April–Okt. 8–18 Uhr | Eintritt frei | zwischen Lahn- und Aarstraße | Bus 33: Fasanerie | www.fasanerie.net*

FREIZEITBAD ESWE [120 C4]
Das Hallenbad bietet ein Kinderbecken mit Rutschen und Dampfgrotte. Sonntagnachmittags herrscht viel Betrieb beim Spielnachmittag für die Familie. Der Sprungturm ist den ganzen Tag geöffnet, und es darf zur Freude der Kinder auch vom Beckenrand gesprungen werden. *Di–Fr 13 bis 21, Sa/So 8–20 Uhr | Mainzer Str. 11 | 4,20 Euro, Kinder 2,30 Euro | Bus 3, 6, 16, 33: ESWE-Freizeitbad*

FREIZEITGELÄNDE RETTBERGSAU [120 B5]

Schon die Anfahrt gefällt Kindern: Mit der Personenfähre „Tamara" *(2 Euro, Kinder 1 Euro)* geht es vom Schiersteiner Hafen über den Rhein auf die 3 km lange und 300 m breite Insel (auch über eine Treppe von der Schiersteiner Brücke zu erreichen). Federball, Fußball, Tischtennis und ein Bolzplatz warten. Am schönsten ist für viele der kleine Strand zum Sonnenbaden – und sogar im Rhein schwimmen kann man hier. Auf einem großen Rasen darf man abends sein eigenes Zelt aufschlagen, und im Inselcafé kann man einkehren. *April/Mai und Sept. Mo–Do 9–19, Fr–So 9–20, Juni–Aug. tgl. 9–20 Uhr | fürs Zelten reservieren: Tel. 0611/245 51 | Bus 23: Schierstein Hafen | www.tamara.rettbergsau.de*

KURPARKWEIHER [U F2]

Im Kurpark werden am Wochenende Ruderboote und Tretboote verliehen. *Mai–Sept. Mo–Fr 15–19, Sa/So 10 bis 20 Uhr | 7 Euro/Std. | Bus 1, 8, 16: Kurhaus | Tel. 0611/308 20 36*

LEICHTWEISSHÖHLE [120 B2]

Hinter einem Felsenhügel im hinteren Nerotal: Ein „echter" Räuber, nach dem die Höhle benannt ist, fand hier einst seinen Unterschlupf. *April bis Okt. Mi 10–14, Fr 14–18, So 13 bis 18 Uhr | Eintritt frei | Im Nerotal | Bus 1: Nerotal, 310: Nordfriedhof*

STADTFÜHRUNGEN [U E3]

Was haben rote Haare mit dem Kochbrunnen zu tun? Ein Pferdebad in Wiesbaden? Ein Weinberg mitten in der Stadt? Die eigens für Kinder konzipierten Führungen *(je nach Thema und Dauer 2–3,50 Euro)* tragen unterschiedliche thematische Schwerpunkte und machen viel Spaß. Information und Buchung: *Wiesbadener Tourist Information | Marktstr. 6 | Tel. 0611/172 99 30 | Busse: Dern'sches Gelände | www.wiesbaden.de*

ÖSTLICHER RHEINGAU

KLOSTERFÜHRUNGEN EBERBACH [118 C4]

Mehrere unterschiedlich konzipierte Führungen durch das Kloster wenden sich an Kinder. Phantasie steht im Mittelpunkt, wenn kleinere Kinder mit „Bonifaz, der Klostermaus" unterwegs sind. „Was ist überhaupt ein Kloster?" und „Wie lebten die Mönche im Mittelalter?" sind Fragen, denen Schulkinder nachgehen. Mitunter bildet ein Picknick den gelungenen Abschluss, ein anderes Mal eine Rallye durch das Klostergelände. *2,50–6 Euro | Buchung: Touristinfo Eltville | Tel. 06123/909 80 | www.klostereberbach.de*

WESTLICHER RHEINGAU

ABENTEUERSPIELPLATZ RÜDESHEIM [117 E6]

Eine Wackel-Hängebrücke, eine Riesenrutsche, dazu Schaukeln, Wippen, einen Bolzplatz und Sandkästen sowie eine Picknickwiese bietet dieser abwechslungsreich gestaltete Abenteuerspieplatz. *Freizeitanlage Auf der Lach, an den Parkanlagen*

ASBACH-BAD RÜDESHEIM [117 E6]

Ein Freibad direkt am Rheinufer. *Mai–Sept. tgl. 8–20 Uhr | 3,50 Euro, Kinder (4–17 Jahre) 2 Euro, ab 17 Uhr 50 % Ermäßigung | Kastanienallee 3*

EBENTALER HOF [117 D5]
Über 50 Shetlandponys, deutsche Reitponys und Haflinger warten hier auf reitbegeisterte Kinder. Familien nehmen die Kutsche, um auf angelegten Pfaden unterwegs zu sein. Außerdem gibt es auf dem Gelände eine Picknickwiese und Spielgeräte sowie hausgemachten Apfelwein. *März bis Nov. tgl. 9–19 Uhr | Reiten 6–9,50 Euro/Std. | Ebental | 3 km nördlich oberhalb des Klosters St. Hildegard | Tel. 06722/25 18 | www.ebental.de*

KUTSCHFAHRTEN IM RHEINGAU [116–117 C–D5]
Das Angebot reicht vom Shuttleservice zwischen Niederwalddenkmal und Seilbahnstation Assmannshausen *(2,8 km | 4 Euro, Kinder 3 Euro)* bis zur romantischen Kutschfahrt durch den Niederwald *(5 km | 6 Euro, Kinder 4,50 Euro). Abfahrt Sa/So Parkplatz Niederwalddenkmal und Seilbahnstation Assmannshausen | Tel. 06726/97 35 | www.rheingauer-kutschfahrten.de*

TAUNUS

TAUNUS WUNDERLAND [119 D2]
Der Freizeitpark im Taunus bietet zahlreiche Attraktionen: Märchenwald, Wildwasserbahn, Spukhaus, Dschungelturm, Wasserskirondell, Achterbahn, einen gepolsterten Kletterturm oder Riesentrampolins. Für die Kleineren gibts die „Muckelchenbahn" und ein Kettenkarussell. Von Wiesbaden fährt der Bus 5474 des Rhein-Main-Verkehrsverbundes direkt zum Wunderland. *März–Okt. tgl. 9.30–18 Uhr, 15,30 Euro, Kinder unter 100 cm frei, bis 130 cm 14 Euro | www.taunuswunderland.de*

Von der Hand in den Mund: Frisch gepflückt schmecken auch im Rheingau die Trauben am besten

tern erhältlich. Tickets aus Verbundautomaten der Bahn im Rheingau sind beim Kauf bereits entwertet; in Wiesbaden müssen Automatentickets im Bus entwertet werden.

SCHIFF

Mehrere Ausflugsschiffe veranstalten zwischen April und Oktober Burgen- und Loreleyfahrten. Traditionsreichster Anbieter ist die *Köln-Düsseldorfer (Agentur Rüdesheim | Tel. 06722/38 08 | www.k-d.com),* die seit 180 Jahren den Betrieb aufrechterhält. Ein großes Angebot an Rheintouren haben auch die *Bingen-Rüdesheimer Fahrgastschiffahrt (Tel. 06722/29 72 | www.bingen-ruedesheimer.com)* und die *Rössler-Linie (Tel. 06722/23 53 | www.roesslerlinie.de).*

WIESBADEN TOURIST CARD

Über *www.wiesbaden.de/touristcard* und in den Verkehrsämtern bekommen Sie ein Ticket mit zahlreichen Vergünstigungen im Raum Wiesbaden-Rheingau-Taunus und zwei Tage Bus- und Bahnfahrten einschließlich Flughafen Frankfurt *(11,90 Euro, Gruppe bis 5 Personen 22,50 Euro).*

ÖFFNUNGSZEITEN

In Wiesbaden sind die Geschäfte im Allgemeinen montags bis freitags von 9.30 bzw. 10 bis 20 Uhr durchgehend geöffnet, am Samstag von 9.30 oder 10 bis 18 Uhr. Im Rheingau und Taunus haben die Geschäfte mit Ausnahme größerer Supermärkte zwischen 13 und 15 Uhr geschlossen. Eine Ausnahme macht Rüdesheim: In dem Touristenort sind zahlreiche Geschäfte durchgehend und auch an Sonntagen geöffnet.

UNTERKUNFT

BED & BREAKFAST

Bed & Breakfast Rüdesheim (Tel. 06131/21 84 96 | Fax 21 84 97 | www.bed-and-breakfast.de/ruedesheim) vermittelt Pensionen und Privatzimmer mit Frühstück (Doppelzimmer 42–80 Euro). Weitere Angebote

WETTER IN WIESBADEN

	Jan.	Feb.	März	April	Mai	Juni	Juli	Aug.	Sept.	Okt.	Nov.	Dez.
Tagestemperaturen in °C	3	5	11	16	20	23	25	24	21	14	8	4
Nachttemperaturen in °C	-2	-1	2	6	9	13	15	14	11	7	3	0
Sonnenschein Std./Tag	2	3	5	6	8	7	7	6	5	3	2	1
Niederschlag Tage/Monat	11	9	8	9	9	10	10	11	9	9	10	10

findet man auch unter *www.bedandbreakfast.de/wiesbaden*.

FERIENWOHNUNGEN

Angebote für Apartments und Ferienwohnungen finden Sie über die örtlichen Touristinformationen und Verkehrsvereine sowie im Internet, z. B. auf der Website *www.rheingau.de/uebernachten*.

HOTELS

Wiesbaden verfügt über ein großes Angebot an Hotels in allen Preislagen, sodass es meist nicht zu Engpässen kommt. Auch im Rheingau gibt es zahlreiche stimmungsvolle Übernachtungsadressen, doch sollten Sie hier, vor allem während der Sommerzeit, an rechtzeitige Buchung denken. Viele Hotels und Pensionen halten für ihre Gäste besondere Angebote und Pauschalen bereit, es lohnt sich daher, nach speziellen Arrangements zu fragen. So können z. B. bei mehrtägigem Aufenthalt außerhalb der Saison Restaurantbesuche im Preis inbegriffen sein, andere Hotels bieten Verwöhnarrangements mit Champagnerempfang und Candlelightdinner. Reist eine (größere) Gruppe, so lassen sich spezielle Konditionen aushandeln. Bei Planung und Buchung sind die touristischen Informationsstellen behilflich. Eingeschränkt ist das Angebot in Bad Schwalbach und Schlangenbad, frühzeitige Reservierung während der Saison ist hier anzuraten.

JUGENDHERBERGEN

– JH Wiesbaden | 220 Betten in 2- bis 6-Bett-Zimmern | Blücherstr. 66 | Tel. 0611/44 90 81 | Fax 44 11 19

– JH Rüdesheim | 155 Betten in 2- und Mehrbettzimmern | Jugendherberge 1 | Tel. 06722/27 11 | Fax 482 84 | www.djh-hessen.de

Hier heißt es bald: ab ins Büttchen!

ÜBERNACHTEN AUF DEM WINZERHOF

So heißt eine Broschüre von der Rheingau-Taunus Kultur und Tourismus GmbH (s. vorn unter „Auskunft"), die Ferienwohnungen und Gasthöfe von 20 Winzerbetrieben umfasst – ideal für Rheinsteig- und andere Wanderungen.

VERANSTALTUNGSMAGAZINE

Die Freitagsbeilage „Pepper" im Wiesbadener Kurier und in der Allgemeinen Zeitung Mainz informiert über Veranstaltungen in Wiesbaden, Mainz und im Rheingau. Der „Gastro-City-Guide – Magazin für Kunst, Kultur und Lebensfreude" *(www.gastro-city-guide.de)* ist eine gehobene, vierteljährlich erscheinende Informationsbroschüre mit Hinweisen für Theater, Events, Museen in Wiesbaden und dem Rheingau.

> UNTERWEGS IM RHEINGAU

Die Seiteneinteilung für den Reiseatlas finden Sie auf dem hinteren Umschlag dieses Reiseführers

REISE ATLAS

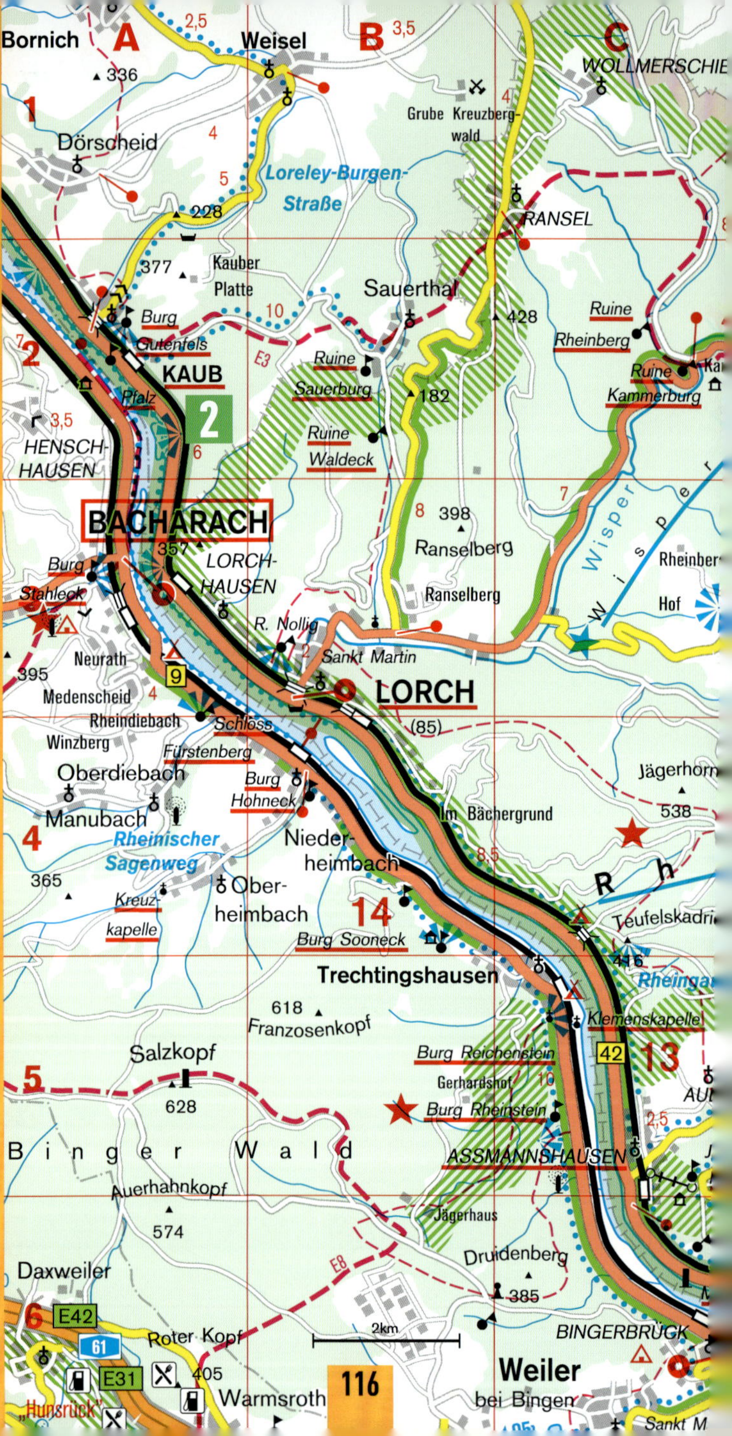

Bornich
A
Weisel
B
C
WOLLMERSCHIE
1
Dörscheid
Grube Kreuzberg-wald
Loreley-Burgen-Straße
RANSEL
228
377
Kauber Platte
Sauerthal
428
Ruine Rheinberg
Burg Gutenfels
KAUB
2
Ruine Sauerburg
Ruine Kammerburg
Pfalz
182
HENSCH-HAUSEN
Ruine Waldeck
BACHARACH
357
LORCH-HAUSEN
398
Ranselberg
Ranselberg
Wisper
Rheinberg
Hof
Burg Stahleck
R. Nollig
Sankt Martin
Neurath
395
Medenscheid
9
LORCH
(85)
Rheindiebach
Schloss Fürstenberg
Winzberg
Oberdiebach
Burg Hohneck
Jägerhorn
538
Manubach
Im Bächergrund
4
Rheinischer Sagenweg
Nieder-heimbach
365
Kreuz-kapelle
Ober-heimbach
14
Teufelskadri
Burg Sooneck
416
Trechtingshausen
Rheingau
618
Franzosenkopf
Klemenskapelle
Salzkopf
Burg Reichenstein
42
13
Gerhardshof
5
628
Burg Rheinstein
Binger Wald
ASSMANNSHAUSEN
Auerhahnkopf
574
Jägerhaus
Druidenberg
Daxweiler
385
6
E42
61
Roter Kopf
2km
BINGERBRÜCK
E31
405
Weiler bei Bingen
Warmsroth
„Hunsrück"
Sankt M

D
E
F
Dickschied
LANGENSEIFEN
PENSCHIED
Geroldstein
Ruine Geroldstein
Ruine Haneck
Nieder-gladbach
Laukenmühle
Ruine Lauksburg
Obergladbach
Hörkopf
Naturpark
Rhein-Taunus
Hügelgrab
Hengstküppel
Hof Mappen
Ruine Mapper Schanze
Weißenthurm
Kalte Herberge
ESBERG
E3
Rheingaugebirge
Hallgarter Zange
Am Rebhang
STEPHANSHAUSEN
HALLGARTEN
Schloss Vollrads
MARIENTHAL
Riesling-Route
Schloss Hansenberg
Ruine Schwarzenstein
MITTELHEIM
Nothgottes
JOHANNISBERG
Sankt Vincenz-Stift
Sankt Hildegardis
Schloss Johannisberg
Sankt Ägidien
EIBINGEN
Dom
Brömserburg
GEISENHEIM
RÜDESHEIM am Rhein
Sporkenheim
Rochuskapelle
Burg Klopp
GAULSHEIM
BINGEN
Bingen-Gaulsheim
117

Nauroth
Wisper
Springen
474
Hahnkopf
Watzelhain
BAD
260
SCHWALBACH
RAMSCHIED
(509)
275
Dickschied
LANGENSEIFEN
420
483
Roter
225
422
528
Naturpark
Bäderstraße
Ruine
Geroldstein
Nieder-
gladbach
290
FISCHBACH
Rhein-Taunus
Bärst
Schlanger
Obergladbach
Hausen
548
514
Hof Mappen
Ruine
Mapper Schanze
Erbacher Kopf
580
619
474
Kalte Herberge
Rheingaugebirge
Kloster
Eberbach
Ruine
Scharfenstein
Kiedrich
E3
580
Hallgarter
Zange
Am Rebhang
(165)
Eichberg
STEPHANSHAUSEN
Neuhof
HALLGARTEN
(90)
Rheinischer
Sagenweg
HATTENHEIM
Schloss
Vollrads
Schloss
Hansenberg
Ruine Schwarzenstein
42a
Schloss Reichartshausen
MITTELHEIM
JOHANNISBERG
Sankt
Ägidien
OESTRICH-
-WINKEL
Schloss
Johannisberg
42
Ingelh
(94)
INGELHEIM-
NORD
60
E42
GEISENHM.
Dom
INGELH
Kaise

TAUNUSSTEIN
HAHN
STADT
SEITZEN-HAHN
WEHEN
Eichelberg
536
Bahnhof
Eiserne Hand
Jagdschloss-ruine
Deutsche Fachwerkstraße
HETTEN-HAIN
434
Taunus-Wunderland
618
610
Wambach
Wambacher Mühle
Hohe Wurzel
Schläferskopf
454
Fasanerie
KLARENTHAL
Chausseehaus
WIESBADEN
Schießstand
(117)
331
495
Georgenborn
DOTZHEIM
Deutsche Fachwerkstraße
Schloss
Sommerberg
FREUDENBERG
RAUENTHAL
FRAUENSTEIN
MARTINSTHAL
Schiersteiner Kreuz
268
WI-Frauenstein
Valentinskirche
Michael
Oberwalluf
SCHIERSTEIN
WI-Äppelallee
ELTVILLE
Walluf
Niederwalluf
Mainz-Momb.
Rhein
Kurfürstliche Burg
Mainz-Gonsenheim
Rheingauhalle
Sankt Peter und Paul
Rhein
Schloss Reinhartshausen
Budenheim
177
„Heidenfahrt"
MAINZ
Uhlerborn
Heidenfahrt
Dreieck Mainz
GONSENHM
Heidesheim
MZ-Finthen
Heidesheim am Rhein
FINTHEN
Wackernheim
2km
54
417
260
42
66
643
60

TAUNUSSTEIN
WEHEN
Eichelberg
Deutsche Fachwerkstraße
Platte
Jagdschloss-ruine
Kellerskopf
Bahnhof
Eiserne Hand
ERBSENACKER
RAMBACH
13
(117)
417
54
455
Schläferskopf
454
Neroberg
245
SONNENBE
Fasanerie
KLARENTHAL
14
WIESBADEN
AUKAMM
Kurhausplatz
Kurhaus
KOHLHECK
DOTZHEIM
Rhein-Main-Halle
214
Hainerberg
FREUDEN-BERG
WI-Dotzheim
GRASELBERG
Schiersteiner Kreuz
WI-Biebr.
66
42
Walluf
WI-Mainzer Str.
WI-Amöneburg
Schloss Biebrich
SCHIER-STEIN
WI-Äppelallee
BIEBRICH
AMÖNE-BURG
Nieder-walluf
Mainz-Momb.
Rhein
Mainz-Gonsenheim
643
Budenheim
177
84
Römisch-Germanisches Museum
MAINZ
Gutenbergmuseum
Dom
Augustinerkirche
Dreieck Mainz
GONSENHEIM
Stadion am Bruchweg
MZ-Finthen
Heidesh.m.
BRETZENHM.
40

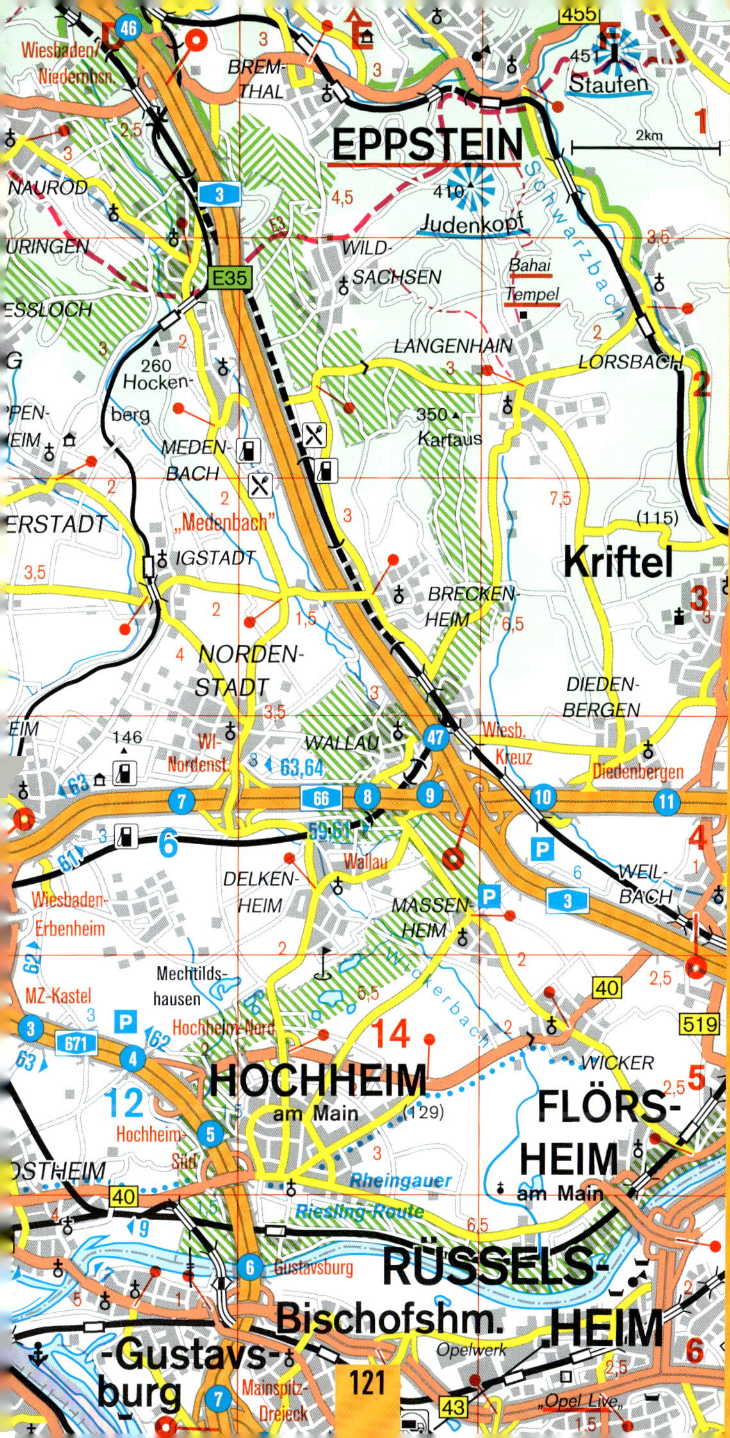

Wiesbaden/ Niedernhsn.
BREM-THAL
EPPSTEIN
451 Staufen
410 Judenkopf
2km
Schwarzbach
NAUROD
URINGEN
ESSLOCH
WILD-SACHSEN
Bahai Tempel
LANGENHAIN
LORSBACH
260 Hocken-berg
MEDEN-BACH
350 Kartaus
„Medenbach"
ERSTADT
IGSTADT
Kriftel
(115)
BRECKEN-HEIM
NORDEN-STADT
DIEDEN-BERGEN
146
WI-Nordenst.
WALLAU
Wiesb. Kreuz
Diedenbergen
63,64
59,61
Wallau
DELKEN-HEIM
WEIL-BACH
Wiesbaden-Erbenheim
MASSEN-HEIM
Mechtildshausen
MZ-Kastel
Hochheim-Nord
Wickerbach
WICKER
HOCHHEIM am Main
(129)
FLÖRS-HEIM am Main
Hochheim-Süd
Rheingauer Riesling-Route
RÜSSELS-HEIM
Gustavsburg
Bischofshm.
-Gustavs-burg
Opelwerk
Mainspitz-Dreieck
„Opel Live"
121
E35
E3

KARTENLEGENDE

Autobahn · Gebührenpflichtige Anschlussstelle · Gebührenstelle · Anschlussstelle mit Nummer · Rasthaus mit Übernachtung · Raststätte · Kleinraststätte · Tankstelle · Parkplatz mit und ohne WC	Trento, 11, P	Motorway · Toll junction · Toll station · Junction with number · Motel · Restaurant · Snackbar · Filling-station · Parking place with and without WC
Autobahn in Bau und geplant mit Datum der Verkehrsübergabe	Datum, Date	Motorway under construction and projected with completion date
Zweibahnige Straße (4-spurig)		Dual carriageway (4 lanes)
Fernverkehrsstraße · Straßennummern	14, E45	Trunk road · Road numbers
Wichtige Hauptstraße		Important main road
Hauptstraße · Tunnel · Brücke		Main road · Tunnel · Bridge
Nebenstraßen		Minor roads
Fahrweg · Fußweg		Track · Footpath
Wanderweg (Auswahl)		Tourist footpath (selection)
Eisenbahn mit Fernverkehr		Main line railway
Zahnradbahn, Standseilbahn		Rack-railway, funicular
Kabinenschwebebahn · Sessellift		Aerial cableway · Chair-lift
Autofähre		Car ferry
Personenfähre		Passenger ferry
Schifffahrtslinie		Shipping route
Naturschutzgebiet · Sperrgebiet		Nature reserve · Prohibited area
Nationalpark, Naturpark · Wald		National park, natural park · Forest
Straße für Kfz. gesperrt		Road closed to motor vehicles
Straße mit Gebühr		Toll road
Straße mit Wintersperre	XII-II	Road closed in winter
Straße für Wohnanhänger gesperrt bzw. nicht empfehlenswert		Road closed or not recommended for caravans
Touristenstraße · Pass	Weinstraße, 1510	Tourist route · Pass
Schöner Ausblick · Rundblick · Landschaftlich bes. schöne Strecke		Scenic view · Panoramic view · Route with beautiful scenery
Heilbad · Schwimmbad		Spa · Swimming pool
Jugendherberge · Campingplatz		Youth hostel · Camping site
Golfplatz · Sprungschanze		Golf-course · Ski jump
Kirche im Ort, freistehend · Kapelle		Church · Chapel
Kloster · Klosterruine		Monastery · Monastery ruin
Schloss, Burg · Schloss-, Burgruine		Palace, castle · Ruin
Turm · Funk-, Fernsehturm		Tower · Radio-, TV-tower
Leuchtturm · Kraftwerk		Lighthouse · Power station
Wasserfall · Schleuse		Waterfall · Lock
Bauwerk · Marktplatz, Areal		Important building · Market place, area
Ausgrabungs- u. Ruinenstätte · Bergwerk		Arch. excavation, ruins · Mine
Dolmen · Menhir · Nuraghen		Dolmen · Menhir · Nuraghe
Hünen-, Hügelgrab · Soldatenfriedhof		Cairn · Military cemetery
Hotel, Gasthaus, Berghütte · Höhle		Hotel, inn, refuge · Cave
Kultur		**Culture**
Malerisches Ortsbild · Ortshöhe	WIEN (171)	Picturesque town · Elevation
Eine Reise wert	★★ MILANO	Worth a journey
Lohnt einen Umweg	★ TEMPLIN	Worth a detour
Sehenswert	Andermatt	Worth seeing
Landschaft		**Landscape**
Eine Reise wert	★★ Las Cañadas	Worth a journey
Lohnt einen Umweg	★ Texel	Worth a detour
Sehenswert	Dikti	Worth seeing
Ausflüge & Touren		**Excursions & tours**

Kurfürstliche Burg in Eltville

REGISTER

Im Register sind alle in diesem Reiseführer erwähnten Orte, Ausflugsziele und Weinlagen verzeichnet. Halbfette Seitenzahlen verweisen auf den Haupteintrag, kursive auf ein Foto.

> SCHREIBEN SIE UNS!

Liebe Leserin, lieber Leser,

wir setzen alles daran, Ihnen möglichst aktuelle Informationen mit auf die Reise zu geben. Dennoch schleichen sich manchmal Fehler ein – trotz gründlicher Recherche unserer Autoren/innen. Sie haben sicherlich Verständnis, dass der Verlag dafür keine Haftung übernehmen kann.

Wir freuen uns aber, wenn Sie uns schreiben.

Senden Sie Ihre Post an die
MARCO POLO Redaktion,
MAIRDUMONT, Postfach 31 51,
73751 Ostfildern,
info@marcopolo.de

IMPRESSUM

Titelbild: Weinreben bei Assmannshausen (Huber: Schmid)
Fotos: AIRsport 2000 GmbH (98 M. r.); Oliver Berner (15 o.); Falkenhof GbR, F. Keller: Bernd Ahrens (99 o. l.); © fotolia.com: Sebastian Dietz (99 u. r.), Carmen Steiner (98 o. l.); Galerie Junges Forum: Sylvia Bernhardt (14 o.); Norbert Geis (15 u.); Peter Grundel (12 u.); G. Hartmann (6/7, 30/31); HB Verlag: Lubenow (U. M., 4 l., 4 r., 21, 53, 59, 77, 81, 91, 95, 113, 114/115, 123); Huber: Schmid (1); Improvisationstheater „Für Garderobe keine Haftung" GbR (13 u.); © iStockphoto.com: Abel Leão (98 M. l.); S. Kuttig (16/17, 28); Look: Lubenow (8/9, 39, 92/93), Martini (79), Wohner (64/65); Manfred Lüer (12 o.); Mauritius: Imagebroker (42/43, 104/105); M Restaurant Wiesbaden (13 o.); B. Müller-Wöbcke (127); W. Otto (47); Restaurant Einhauser: Annette Klima (99 M. l.); Rüdesheimer Seilbahngesellschaft mbH (73, 99 M. r.); Schapowalow: Atlantide (28/29); SHELBY! Pulp Rock 400!: Boris Crull (14 u.); Siebenundzwanzig Gastro GmbH | Cubique: Axel Gross (15 M.); Staatsbad Bad Schwalbach GmbH (82/83, 87, 103); Irmi Wachendorff (98 u. r.); E. Wrba (U. l., U. r., 2 l., 2 r., 3 l., 3 M., 3 r., 5, 11, 18, 19, 22, 22/23, 24/25, 26, 27, 29, 32, 35, 36, 40, 44, 49, 51, 54, 57, 60, 63, 66, 68, 70, 74, 75, 84, 89, 97, 100/101, 107); www.magic-bike.ruedesheim.com (23)

2., aktualisierte Auflage 2009
© MAIRDUMONT GmbH & Co. KG, Ostfildern
Chefredaktion: Michaela Lienemann, Marion Zorn
Autorin: Birgit Müller-Wöbcke; Redaktion: Nikolai Michaelis
Programmbetreuung: Cornelia Bernhart, Jens Bey; Bildredaktion: Gabriele Forst, Ruth Rehbock
Szene/24h: wunder media, München
Kartografie Reiseatlas: © MAIRDUMONT, Ostfildern
Innengestaltung: Zum goldenen Hirschen, Hamburg; Titel/S. 1–3: Factor Product, München
Das Werk einschließlich aller seiner Teile ist urheberrechtlich geschützt. Jede urheberrechtsrelevante Verwertung ist ohne Zustimmung des Verlages unzulässig und strafbar. Das gilt insbesondere für Vervielfältigungen, Übersetzungen, Nachahmungen, Mikroverfilmungen und die Einspeicherung und Verarbeitung in elektronischen Systemen.
Printed in Germany. Gedruckt auf 100% chlorfrei gebleichtem Papier

FÜR IHRE NÄCHSTE REISE

gibt es folgende MARCO POLO Titel:

DEUTSCHLAND

Allgäu
Amrum/Föhr
Bayerischer Wald
Berlin
Bodensee
Chiemgau/Berchtesgadener Land
Dresden/Sächsische Schweiz
Düsseldorf
Eifel
Erzgebirge/Vogtland
Franken
Frankfurt
Hamburg
Harz
Heidelberg
Köln
Lausitz/Spreewald/Zittauer Gebirge
Leipzig
Lüneburger Heide/Wendland
Mark Brandenburg
Mecklenburgische Seenplatte
Mosel
München
Nordseeküste Schleswig-Holstein
Oberbayern
Ostfriesische Inseln
Ostfriesland/Nordseeküste Niedersachsen/Helgoland
Ostseeküste Mecklenburg-Vorpommern
Ostseeküste Schleswig-Holstein
Pfalz
Potsdam
Rheingau/Wiesbaden
Rügen/Hiddensee/Stralsund
Ruhrgebiet
Schwäbische Alb
Schwarzwald
Stuttgart
Sylt
Thüringen
Usedom
Weimar

ÖSTERREICH | SCHWEIZ

Berner Oberland/Bern
Kärnten
Österreich
Salzburger Land
Schweiz
Tessin
Tirol
Wien
Zürich

FRANKREICH

Bretagne
Burgund
Côte d'Azur/Monaco
Elsass
Frankreich
Französische Atlantikküste
Korsika
Languedoc-Roussillon
Loire-Tal
Nizza/Antibes/Cannes/Monaco
Normandie
Paris
Provence

ITALIEN | MALTA

Apulien
Capri
Dolomiten
Elba/Toskanischer Archipel
Emilia-Romagna
Florenz
Gardasee
Golf von Neapel
Ischia
Italien
Italienische Adria
Italien Nord
Italien Süd
Kalabrien
Ligurien/Cinque Terre
Mailand/Lombardei
Malta/Gozo
Oberital. Seen
Piemont/Turin
Rom
Sardinien
Sizilien/Liparische Inseln
Südtirol
Toskana
Umbrien
Venedig
Venetien/Friaul

SPANIEN | PORTUGAL

Algarve
Andalusien
Barcelona
Baskenland/Bilbao
Costa Blanca
Costa Brava
Costa del Sol/Granada
Fuerteventura
Gran Canaria
Ibiza/Formentera
Jakobsweg/Spanien
La Gomera/El Hierro
Lanzarote
La Palma
Lissabon
Madeira
Madrid
Mallorca
Menorca
Portugal
Sevilla
Spanien
Teneriffa

NORDEUROPA

Bornholm
Dänemark
Finnland
Island
Kopenhagen
Norwegen
Schweden
Stockholm
Südschweden

WESTEUROPA | BENELUX

Amsterdam
Brüssel
Dublin
England
Flandern
Irland
Kanalinseln
London
Luxemburg
Niederlande
Niederländische Küste
Schottland
Südengland

OSTEUROPA

Baltikum
Budapest
Estland
Kaliningrader Gebiet
Lettland
Litauen/Kurische Nehrung
Masurische Seen
Moskau
Plattensee
Polen
Polnische Ostseeküste/Danzig
Prag
Riesengebirge
Russland
Slowakei
St. Petersburg
Tschechien
Ungarn
Warschau

SÜDOSTEUROPA

Bulgarien
Bulgarische Schwarzmeerküste
Kroatische Küste/Dalmatien
Kroatische Küste/Istrien/Kvarner
Montenegro
Rumänien
Slowenien

GRIECHENLAND | TÜRKEI | ZYPERN

Athen
Chalkidiki
Griechenland Festland
Griechische Inseln/Ägäis
Istanbul
Korfu
Kos
Kreta
Peloponnes
Rhodos
Samos
Santorin
Türkei
Türkische Südküste
Türkische Westküste
Zakinthos
Zypern

NORDAMERIKA

Alaska
Chicago und die Großen Seen
Florida
Hawaii
Kalifornien
Kanada
Kanada Ost
Kanada West
Las Vegas
Los Angeles
New York
San Francisco
USA
USA Neuengland/Long Island
USA Ost
USA Südstaaten/New Orleans
USA Südwest
USA West
Washington D.C.

MITTEL- UND SÜDAMERIKA

Argentinien
Brasilien
Chile
Costa Rica
Dominikanische Republik
Jamaika
Karibik/Große Antillen
Karibik/Kleine Antillen
Kuba
Mexiko
Peru/Bolivien
Venezuela
Yucatán

AFRIKA | VORDERER ORIENT

Ägypten
Djerba/Südtunesien
Dubai/Vereinigte Arabische Emirate
Israel
Jerusalem
Jordanien
Kapstadt/Wine Lands/Garden Route
Kenia
Marokko
Namibia
Qatar/Bahrain/Kuwait
Rotes Meer/Sinai
Südafrika
Tunesien

ASIEN

Bali/Lombok
Bangkok
China
Hongkong/Macau
Indien
Japan
Ko Samui/Ko Phangan
Malaysia
Nepal
Peking
Philippinen
Phuket
Rajasthan
Shanghai
Singapur
Sri Lanka
Thailand
Tokio
Vietnam

INDISCHER OZEAN | PAZIFIK

Australien
Malediven
Mauritius
Neuseeland
Seychellen
Südsee

> UNSERE AUTORIN

MARCO POLO Insiderin Birgit Müller-Wöbcke im Interview

Birgit Müller-Wöbcke ist im Rheingau aufgewachsen. Die freie Journalistin wohnt mit Tochter und Ehemann am Rheinsteig.

Seit wann leben Sie im Rheingau?

Ich bin in Eltville geboren, in Hattenheim und Kiedrich aufgewachsen, in Geisenheim zur Schule gegangen, habe in Mainz studiert und wohne – abgesehen von einem Jahr in Irland – seitdem im Rheingau.

Was reizt Sie an Ihrer Heimat?

Die Mischung aus Natur und Kultur, Städtischem und Ländlichem zugleich. Im Rheingau und in Wiesbaden gibt es ein hervorragendes Angebot an guten Restaurants, eine rührige Kulturszene und den Wald gleich um die Ecke. Das milde Klima erlaubt es, dass Straßencafés vom zeitigen Frühjahr bis zum späten Herbst geöffnet haben.

Und was gefällt Ihnen nicht so?

Für die Neubaugebiete, die zunehmend in den Dörfern erschlossen werden, würde man sich eine sensiblere Bauplanung und -gestaltung wünschen. Und hin und wieder könnte auch der Denkmalschutz ein Wörtchen mitreden, etwa wenn in unmittelbarer Umgebung von historischem Fachwerk Häuser mit bayerischen Balkonen „verschönt" werden.

Was machen Sie beruflich?

Mittlerweile arbeite ich seit mehr als 25 Jahren als Reisejournalistin. Aus dem einstigen Hobby, das parallel zum Studium verlief, wurde eine Vollzeitbeschäftigung. Mittelamerika und Asien gehören zu meinen Lieblingsregionen. Auch in Europa bin ich viel unterwegs.

Wie recherchieren Sie im Rheingau?

Ich habe dazu keine weiten Wege. Die alten Adressen besuche ich, wenn ich daran vorbeikomme, neue probiere ich laufend aus.

Was tun Sie in Ihrer Freizeit?

Neben dem Reisen gilt meine Passion dem Gärtnern. Da wir im Rheingau ein mildes Weinbauklima haben, gedeihen hier auch mediterrane und exotische Pflanzen, selbst Feigen und Aprikosen – sehr zu meiner Freude!

Mögen Sie die Küche des Rheingaus?

Ob gutbürgerlich, sternewürdig oder mediterran verfremdet – die Rheingauer Küche schmeckt in jeder Lebenslage. Gut gefällt mir auch die Vielfalt der im Rheingau anzutreffenden Restaurants und Bistros, Gutsschenken und Cafés – da gibt es eine breite Palette sowohl was die angebotene Küche als auch was das Ambiente betrifft. An einem Tag kann man beim Winzer Spundekäs und Brezeln bestellen, am anderen in einem der besten Restaurants des Landes einen Tisch reservieren.

> BLOSS NICHT!

Auch im Rheingau gibt es einige Dinge, die Sie besser unterlassen

Weinkauf in der Drosselgasse

Das Angebot ist riesengroß, man suggeriert Ihnen günstige Sonderangebote, lädt zum Kosten und Kaufen, aber besser ist ein klares „Nein“: Die Weine sind zu teuer und wenden sich an den süßen US-Geschmack. Die Rüdesheimer Drosselgasse eignet sich zum Amüsieren, Weine kauft man besser beim Winzer oder in der Genossenschaft.

B 42 befahren und zu Fuß überqueren

Es herrscht immer viel Betrieb, die breite – aber trotzdem nur zweispurige – Straße verführt zum Überholen, und während der Rushhour wird gerast. Gefährlich ist es, an der falschen Straßenseite zu halten und dann zwecks Besichtigung die Straße zu überqueren. Besser geeignet für gemächliche Besichtigungen ist die alte B 42 a.

Schwimmen im Rhein

Jahr für Jahr machen es Mutige vor und schwimmen durch den Rhein ans andere Ufer. „Der Rhein ist wieder sauber“ ist ihr Credo. Ob das stimmt oder nicht, sei einmal dahingestellt. Tatsache ist, dass es sich beim Rhein um eine viel befahrene Schifffahrtsstraße handelt und zudem eine starke Strömung herrscht.

Beim Winzer Cola bestellen

Viele Rheingauer Winzer unterhalten eine Gastwirtschaft, ein Restaurant oder eine Straußwirtschaft. Hier erhält man neben Wein regionale Gerichte oder kleinere Speisen. Im Vordergrund steht immer der Ausschank des eigenen Weins. Auch wer lieber auf Wein verzichtet, ist beim Winzer gern gesehen. Nur Cola sollte man nicht gerade bestellen, das zieht pikiertes Naserümpfen nach sich. Aus Weintrauben wird auch Traubensaft hergestellt – den serviert man jederzeit gern.

In der Straußwirtschaft am „eigenen“ Tisch sitzen

Das gibt es in der Straußwirtschaft nicht! Die Tische sind gewöhnlich groß, mehrere Paare und Familien haben Platz daran. Wenn jemand hereinkommt, rückt man zusammen und beginnt mit den Neuankömmlingen ein Gespräch. Einen Tisch nur für sich allein zu beanspruchen („Diese Plätze sind besetzt!“) wäre nicht nur unmögliches Benehmen – es würde außerdem wohl gar nicht erst respektiert.

Ohne Reservierung

Während der Ferien und ganz besonders bei Großveranstaltungen wie dem Rhein im Feuerzauber im Juli sind die Hotels oft ausgebucht. Für solche Zeiten reservieren Sie am besten bereits Monate vorher. Und während des Gourmetfestivals im März und der Glorreichen Tage im November wird es an den Tischen der Restaurants eng, da es auf den Terrassen und in den Gärten dann zu kalt ist. Wer zu diesen Zeiten unterwegs ist, sollte im Restaurant reservieren.

CW01582651

Un personnage de Thierry Courtin
© 2001 pour la première édition.
© 2017 Éditions Nathan, Sejer, pour la présente édition,
92, avenue de France, 75013 Paris
ISBN : 978-2-09-257070-8
Loi n°49-956 du 16 juillet 1949
sur les publications destinées à la jeunesse,
modifiée par la loi n°2011-525 du 17 mai 2011.

Achevé d'imprimer en janvier 2021 par Lego, Vincence, Italie.
N° d'éditeur : 10270417 – Dépôt légal : janvier 2017.

T'choupi
est trop gourmand

Illustrations de Thierry Courtin

La maman de T'choupi vient
de rentrer des courses.
– Miam ! Mes gâteaux
préférés ! s'écrie T'choupi.
Je peux en prendre un ?
– D'accord, mais juste un !

– Allez, maman, s'il te plaît,
encore un !
– Non, non, T'choupi.
Tu n'auras plus faim
pour le dîner.

Un peu plus tard, T'choupi
va voir mamie.
– Oh, tu fais un gâteau ?
Je peux en avoir un tout
petit peu ?

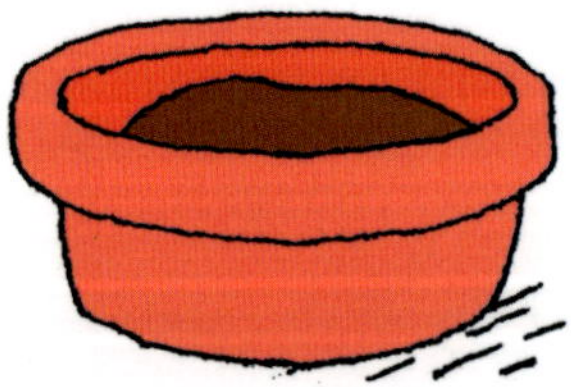

T'choupi prend une cuillère
de chocolat, et encore une…
– T'choupi, dit mamie,
attends plutôt le gâteau !

Puis T'choupi va voir papi.
– Dis, papi, je peux manger un chocolat, moi aussi ?
– Bien sûr, T'choupi.

Au salon, papa est en train de bricoler.
– Je peux t'aider, papa ?
– Oui, T'choupi, j'ai besoin du tournevis.

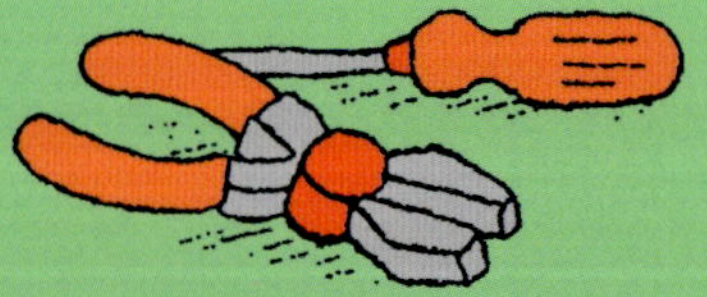

Papa et T'choupi ont terminé de travailler.

– Merci T'choupi, tu m'as bien aidé. Est-ce que tu veux un bonbon ?

– Oh oui, miam !

– À table, T'choupi !
appelle mamie. Regarde,
il y a des frites et du poulet,
ton plat préféré !

Mais pendant le dîner,
T'choupi ne mange
presque rien.
– Qu'y a-t-il, T'choupi,
tu n'as pas faim ?
– Je ne me sens pas
très bien...

Dans son lit, T'choupi
a un peu mal au ventre.
– Finalement, Doudou,
être trop gourmand,
ce n'est pas rigolo du tout !

Découvre d'autres aventures de T'choupi

1. veut un chaton
2. ne veut pas prêter
3. n'a plus sommeil
4. jardine
5. fait du vélo
6. est trop gourmand
7. est en colère
8. s'amuse sous la pluie
9. se déguise
10. fête Noël
11. se baigne
12. fait un bonhomme de neige
13. fait une cabane
14. rentre à l'école
15. a peur de l'orage
16. a une petite sœur
17. se perd au supermarché
18. prend le train
19. part en pique-nique
20. est malade
21. fait une surprise à maman
22. fête son anniversaire
23. a perdu Doudou
24. fête Halloween
25. fait un gâteau
26. va au cirque
27. fait de la musique
28. veut regarder la télé
29. fait un tour de manège
30. s'occupe bien de sa petite sœur
31. fait la sieste
32. est fâché contre papa
33. va sur le pot
34. a peur des chiens
35. cherche les œufs de Pâques
36. prend son bain
37. veut tout faire tout seul
38. aime la galette
39. ne veut pas se coucher
40. va à la piscine
41. fait des bêtises
42. part en vacances
43. est poli
44. s'habille tout seul
45. fait du poney
46. a une nouvelle nounou
47. a la varicelle
48. dort chez papi et mamie
49. bientôt grand frère
50. déménage
51. fait du bateau
52. mange à la cantine
53. a un bobo
54. a une amoureuse
55. va à la ferme
56. n'aime pas la bagarre
57. fait du ski
58. n'a plus de tétine
59. joue au tennis
60. dit non !